すぐやる人の「やらないこと」リスト

NOT TO DO LIST

塚本 亮
Ryo Tsukamoto

河出書房新社

はじめに

成果を出している人はこぞって行動している。これは間違いないのではないでしょうか。みんなたくさん行動して、たくさん失敗して、そこから学び、大きな成果をあげる。つまり、**「行動なくして成功はない」**といえるのだと思います。

しかし、人はラクをしたい生き物。ついつい多くのことを先延ばししてしまいます。

私はいまでも怠け者です。やる気がある日もあれば、まったくない日もあります。だけどそんな私でも、ちょっとした工夫によって先延ばしを解消し、自分の行動エンジンをオンにしています。

この「自分を動かすメソッド」を、2017年に拙著『「すぐやる人」と「やれない人」の習慣』（明日香出版社）にまとめました。

おかげさまでこの本は25万部のベストセラーとなり、多くの方に読んでいただくことができました。

その結果、ありがたいのかありがたくないのかはわかりませんが、私はどこに行っても、〝すぐやる人〟というイメージが定着しました。

私も認知度が高くなったことで、これまで以上に仕事の問い合わせや依頼をいただけるようになり、大変うれしいのですが、一方で「すぐやってくれる人」という感覚で連絡してくださる方も増えました。

そのすべてに応えられる時間やエネルギーが私にあればいいのですが、現実にはあり得ません。何でもかんでもやっていたら、メリハリもつきません。

だから私は、**すぐやることは大事だが、それ以上にやらなくてもいいことを明確にしてバッサリ捨てることが必要**だと思うようになりました。つまり、**やらない判断をすることは、やることと同様に重要**だということです。

そのため、いままでは仕事の依頼でも気分が乗らないものはお断りさせていただきますし、誰が送ってきたのかわからない問い合わせには返答もしないことがあります。

いつもゼロベースで、「それをやることに意義があるのか、どんな価値があるのか」を考えるようになったのです。

かつての私は常にメーラーを開きっぱなしで、メールが届いたらすぐ返信するようにしていましたが、かえって効率を悪くしていると気づいて、即レスするのをやめました。時間を決めてまとめてメールをチェックするようにしたところ、仕事に集中できる時間が増えて、一つひとつの仕事の処理スピードも速くなりました。

お笑いコンビ「キングコング」の西野亮廣さんは、音声メディアの「Voicy」で、**「ビジョンとは何をやらないか決めることだ」**とおっしゃっていました。たしかに人気が出ると、「あれもやってほしい、これもやってほしい」という依頼が増えて、それに身を委《ゆだ》ねているうちに、本当に自分にとって大切なものに取り組む時間やエネルギーがなくなってしまいます。

「忙しい自分はがんばっている自分だ」とごまかしていると、本当に自分にとって大切なものは何かを考える余裕もなくなります。本来、大切なことはコツコツ積み上げないといけないわけですが、それすらできなくなってしまうのです。

すぐやるというのは、あくまでも「手段」であって、決して「目的」ではありません。

すぐやることはたしかに大事ですが、それ以上に重要なのは「本当にやらなくてはいけないのか？」という〝本質〟を明確にすることです。

そもそも、仕事も人生も「答え」はないので、延々とやろうと思ったらやれるのです。でも、「本当にそれ意味あるの？」と考えてみないと、価値のないものに時間やエネルギーを割《さ》いてしまうことになります。

人生の中には「やらなきゃ！」と思っているけれど、本当はやらなくてもいいものがたくさんあるのかもしれません。

やらなくていいものをやってしまうから、忙しいように感じる割にはちっとも人生が豊かにならない。人生を豊かにするものに時間やエネルギーを使わないと豊かにはならないですよね。

あなたの人生を豊かにするものは何でしょうか。

家族と過ごす時間？
友人と旅行に出かける時間？
海辺で過ごす何も考えない時間？
夢に向かって必死に取り組んでいる時間？

これはもう人それぞれでしょうが、その時間を増やすためにできることは何でしょうか。

そう、**やることよりやらないことを考えること。**それが自分の生き方を考えることにつながっていきます。

ですから本書では、みなさんの人生を豊かにするために、「やらないこと」を提案させていただきたいと思います。

どうかみなさんが身も心も軽くなり、今日という一日を満喫《まんきつ》できますように。

塚本　亮

CONTENTS

第1章 「考え方」でやらない

第2章 「仕事」でやらない

第3章 「人間関係」でやらない

第4章 「習慣」でやらない

第5章 「自己啓発」でやらない

第6章 「人生」でやらない

第1章

「考え方」でやらない

「考え方」は行動のスイッチです。いい考え方は行動を加速させ、悪い考え方は行動にブレーキをかけるでしょう。もしあなたがすぐやれないのならば、これまでに積み重ねてきた考え方が邪魔をしているのかもしれません。まずは当たり前だと思ってきたことを見直すことから始めてみませんか。

NOT TO DO

01 □頭の中だけで考えない

すぐやれない人の特徴として、頭の中であれこれ考えてみるものの、考えれば考えるほど、結局のところ自分が何をしたいのかわからなくなってしまうことが挙げられます。それでは当然、行動することにためらいを感じてしまうでしょう。

一方で、すぐやる人は、自分の頭の中だけで考えようとしません。具体的には**紙にやることを書き出す人がとても多い**のです。

とくに、いまのような情報が溢れている時代においては、次から次へとやることが増えていきます。

そんななかで、本当に集中して考えるということは容易ではありません。

「Aについて考えなきゃ」と思っていても、ふとした瞬間に「そういえばBもやらなきゃいけない」と意識が別の方向へ飛んでいってしまうことは、みなさんも経験したことがあるのではないでしょうか。

そうなると、いつまで経っても何も決まらないということになりかねませんし、行動するために必要な「決断」ができません。

すぐやる人はこうなることを理解しているからこそ、頭の中だけで考えず、実際に書き出してみることで、思考の整理を図ります。


すぐやれない人は、やることを書き出さず、頭の中の記憶を頼りにします。そして結果的に「あ、あれをやるのを忘れていた！」ということになって、自分の記憶力の悪さを嘆きます。

そのうえ、やることを頭の中にため込むことで**「あれもやらなきゃ、これもやらなきゃ」という状況を自ら生み出して、脳のパフォーマンスを落としてしまいます。**

しかしすぐやる人は、頭の中を空っぽにして、脳への負荷を減らします。そうすることで、本来やらないといけないことにエネルギーを集中するための余裕（スペース）が確保できるようになるからです。

とくに集中して取り組まないといけない仕事、たとえば文章を書くときや、企画書やプレゼン資料をつくるときは、それだけのスペースを脳内に空けておく必要があります。

どんな些細《ささい》なことでもすべて書き出せばいいのです。リストにして書き出しておけば、一つのことが終わった段階で、また次のことに取りかかることができます。作業に集中できるし、迷いなく行動に移せるようになります。

さらに書き出したことをどんどん消化していくことで、自分がどれだけのことをやれているのかを客観的に見ることができるので、自信にもつながります。

私たちは意外と自分がしたことを覚えていないものです。なんとなく「がんばったな……」と感じるのと、具体的に「これだけやった！」と把握できるのとでは、自分に与える影響は大きく違います。

「すぐやる」といっても、何でもすぐにやればいいというものではありません。**優先順位の高いものから先延ばしせずにやっていく**ことです。

重要度の低いものをいくらたくさん早くやったとしても、大した成果にはつながりません。

そのため、常に優先順位を意識しながら、重要度の低いものはいま取り組まないとしたならば、やり忘れることがないように書き出しておけばいいのです。

大して重要ではないメールへの返信は、いますぐやらないといけないものではないはずです。「〇〇さんに返信」と書き出しておけば、返信し忘れることはありません。

POINT

些細なことでもどんどん書き出す

NOT TO DO

02

□常に全力投球しない

日本でも人気のサッカーチーム、スペインのFCバルセロナで活躍するリオネル・メッシは走らないことで有名です。1試合当たりの走行距離はトッププレーヤーの中でも平均値以下ですが、それでも毎年世界トップレベルのゴール数を記録しています（2018－2019シーズンでは34試合で36得点）。世界トップクラスのリーグですからすごいことです。

なぜ彼は、そのような結果を残すことができるのでしょうか。

もちろん、技術の高さはいうまでもありませんが、ピッチでは常にダッシュしているかというとそうではなく、勝負のポイントだと見極めた瞬間にゴールに向かってダッシュしています。ドリブルでもそうです。ずっと全力疾走でドリブルをしていたら、対戦相手はそのスピードに慣れてしまいます。ゆっくり走っていたと思ったらいきなりトップスピードにギアを入れるから、対戦相手はついていけなくなるのです。この「緩急の差」が大事なのではないでしょうか。

すぐやる人も同じです。持てるエネルギーをすべて投入するようなことはしません。重要なこととそうでないことを明確に分けています。全力投球しないというのは、**力の入れどころと抜きどころを明確にする**ということです。

がんばっているのに結果が出ない人の多くは、力の入れどころと抜きどころを常に意識していません。そのため、ここぞというときにパワー不足になってしまいます。

むしろ、**手を抜いていいところは抜いたほうがいい**のです。

日本人はどこかで質よりも量を優先してしまう傾向があります。休日でも、「他の人もがんばっているんだから休んでいるのはよくない。もっとがんばらなきゃ」と思って、自分を追い込んでしまっています。

足並みを揃えることはいいのですが、みんながそうなってしまうと、それぞれが自分の持っている力を十分に発揮することができません。みんなが質より量になってしまったら、あれこれ動いてはいるけれど何を生み出しているのかよくわからない感じになってしまいます。

大きな成果をもたらすのはいつも質でしょう。

「パレートの法則」はご存じでしょうか。これは、全体の2割である優良顧客が売上の8割を占めているというビジネスではよく登場する有名な理論です。

成果の8割は全体の2割の活動にかかっているので、自分の時間やエネルギーをその2割にかけることが必要です。残りの8割はそれほど重要度が高くないもの、全力でやらなくていいものなのに時間やエネルギーを割いていたら、重要度の高いものを先延ばしにしてしまいます。

あなたはやることのすべてを同じように扱ってはいないでしょうか。すぐやる人は力の抜きどころをいつも考えています。だから全力投球はしないのです。

POINT

力の入れどころ、力の抜きどころを常に考える

NOT TO DO

03

□ 真正面からぶつからない

好きな仕事をやるときは気分が乗ります。人によっては、単純作業の仕事は気分が乗らないかもしれません。

自分にとって気分の乗らないことは、工夫しないと先延ばしの対象になりやすいです。

そのときに、すぐやる人が意識しているのが真正面からぶつからないということです。

視点をズラすことで先延ばしを回避しているのです。

私は高校生のとき毎朝約1時間かけて電車で学校に通っていたのですが、大学受験を控えた高校3年生になって、あえて各駅停車の普通列車に乗っていました。満員の急行列車を避けて「座るため」です。

座って何をしていたかというと、もちろん勉強なのですが、一問一答式の問題集や英単語帳を開き、「次の駅に着くまでにこれをやるぞ」と決めて、自分自身と競争していたのです。

電車が駅に到着して停車している間がインターバル、そして駅を出発するとまた一気にスタート。**勉強を限られた時間の中で自分がどこまでできるかという〝ゲーム〟に変えていた**わけです。

通学時間は約1時間半に長くなりましたが、その分、集中して勉強に取り組める時間を確保できるようになりました。

ZOZOを立ち上げた前澤友作さんも、昔、スーパーのレジ打ちのバイトをしていたときに、レジを待っているお客様が現金払いかカード払いかを予測し、10人連続で当たったら、自分へのご褒美として「牛丼の特盛を食べる」というゲームをしていたそうです。

目の前の仕事を制限時間内にどこまでできるのか。そのために、「ここからここまで20分でできたらチョコレートを一つ食べる」というちょっとしたご褒美を楽しむ。気分が乗らないときは、もう一つ別の動機をつくることで、視点をズラすことができます。そうすることで取り組みやすくなり、先延ばしを回避できるようになるのです。

仕事は楽しいことばかりではなく、気分が乗らないこともしょっちゅうありますが、視点をズラす最大のポイントは、**仕事を受動的ではなく能動的にやるものに変えてしまうこと**です。

上司から指示されたままやるのは受動的ですが、「こんなふうにやってみようか、こうしてみたらどうだろう」と工夫したら能動的になります。

誰かにやらされている感覚ではなく、自分がやっている感覚が大切です。

気分の乗らない仕事も工夫次第でいくらでも楽しくできますし、何でも楽しんで取り組む姿勢が信用につながるのではないでしょうか。

POINT

→ **視点をズラして能動的にやるものに変える**

NOT TO DO

04 □何でも一人でやろうとしない

すぐやる人は、何でも一人でやろうとしません。

自分の向き・不向きや得手・不得手を理解しているから、**自分に向いていることや得意なことは自分でやりますが、それ以外のことは極力やらない**のです。

みなさんは「スパイダーマン」「X-MEN」「アベンジャーズ」「ハルク」などのアメコミヒーローの生みの親、スタン・リーをご存じでしょうか。マーベル・コミックのほとんどのキャラクターを生み出し、マーベル・コミックの創始者でもあるスタン・リーには意外な事実があります。それは「描けない」ということです。彼は絵が描けません。

スタン・リーが構想を練り、ストーリーを書き上げて、それを漫画家に語り、描いてもらっていました。そして、でき上がってきたものにフィードバックを重ねながら自分のイメージとすり合わせていくことで、絵は描けないけれど、あれだけのヒーローを次から次へと世に送り出し、コミックや映画という形で世界を席巻したのです。

漫画が大好きで、漫画を描きたい！と思ったら、絵を描く練習をするのではないでしょうか。そしてうまく描けないことがわかると、「自分には絵の才能がない」と断念するのではないでしょうか。

でも、違うのです。これは**教育の影響が大きい**と思います。

学校や塾での勉強を思い出してください。先生が教壇に立って、生徒は全員先生のほうを向いて授業を聞くだけ。完全に受動的です。みんなと一緒に何かやるという機会が少なく、教科書や参考書と向き合って、自分一人で考えて答えを出すという自己完結型。だから仕事においても**チームで協力し、プロジェクトを動かして大きな成果をあげるという経験が圧倒的に少ない**のです。

「日本は和の国だ、日本人はチームワークが得意だ」といわれますが、仕事や勉強、スポーツでも、意外とさまざまな課題と一人で向き合う場面が多く、誰かと力を合わせてシナジーを生んで結果を出す、問題を解決することが苦手だったりします。

人の知恵を借りて何かを成功させた経験が少ないので、ついつい自分でやろうとしてしまうのです。

しかし一人でやるのは大変だからすぐやれないし、結局は放置したまま終わることも多くなります。

また、**誰かに協力をお願いすることに対して「悪い」という思いも強く持っていて、自分の力で及ばないことはあきらめるしかない**となります。


誰かを頼る自分はダメだ、という意識はきれいさっぱり捨て去りましょう。

誰かを頼れるようになれば、自分でできることが増えます。

どうすればやれるのかを考えられるので、可能性は大きく広がるのです。

POINT
自分が得意でないことは誰かにお願いする

NOT
TO DO

05

□コントロールできないことに執着しない

私は高校生のときに『7つの習慣』（スティーブン・R・コヴィー著、キングベアー出版）を読んで学んだことがあります。それは**自分が変えられること、つまりコントロールできることに集中する**ことの重要性です。

それまでの私は、自分がダメなのは周りのせいだと考えていました。学校や親が悪いから自分は不出来なのだと思い込んでいたのです。でも学校や親は、自分がコントロールできるものではありません。現実を嘆いて、自分以外のせいにしていても、学校が良くなることはないし、親を変えるといっても現実的ではありません。

自分では変えられないものについて、時間やエネルギーを費やして、いくら考えたところで、何も変わりません。

だからすぐやる人は、自分がコントロールできないことに執着しません。

毎日仕事をしていると、「あの上司さえいなければいいのに……」と思うことはあるでしょう。しかし、その上司の存在は自分がコントロールできません。**コントロールしようとするとストレスがたまってしまうだけ**です。

逆の立場になってみましょう。

「なんで指示したとおりにしかできないんだ！　自分で考えられないのか！」

あなたが上司ならば部下の失敗を嘆いたところで、何の解決にもなりませんよね。嘆いたからといって、部下の能力がいきなり大きく変わることはありません。

自分は変えられるけれど、他人を変えることはとてもむずかしい。だから部下が思うように動いてくれないならば、「自分の伝え方がまずかったのかもしれない、部下ともっといい関係づくりをしなければいけないのかもしれない」と、自分ができることにフォーカスすることで、自分自身が成長するきっかけを手にすることができるのではないでしょうか。

私たちは、**何かうまくいかないことがあったとき、原因を「外」に求めたくなってしま**

うものなのです。それは自然なことではあるので、否定する必要はありません。

しかしそれが続くと、コントロールできないものを一生懸命コントロールしようとして、疲弊《ひへい》しかねないと思います。

人が悩んでいるときというのは、自分がコントロールできるものなのか、そうでないのかを考えていないことが多いです。だから冷静になって自分の状況を見つめ直してみる。自分がコントロールできないことならば執着しないことです。

すぐやれない人ほどグチグチ言ってばかりで、何も生み出せていないですよね。コントロールできないものを手放すことは、すぐやる人になるための第一歩なのです。

POINT
→ **人は自分がコントロールできないことで悩む**

NOT
TO DO

06

□負の感情を抑え込まない

すぐやれない原因の一つは「感情」だと思います。誰でも嫌なことがあったときや疲れているときは、「やらなきゃいけない」と思っていても、心がついていきません。〝何もしたくないモード〟に陥ってしまうのではないでしょうか。

一方でうれしいことがあったときは、何でもできてしまいそうなほど、行動的になれます。**行動と感情は切っても切れない関係にある**といえます。だから「人間は感情の生き物である」ということを受け入れて、そのうえで、自分の感情とどうつき合っていくかを考える必要があります。

負の感情を抑え込むことは行動力を低下させるので、避けなければなりません。

先日、私が大学で講演したときに、学生から「目の前のことに集中したいけれど、嫌な出来事を思い出したりしてなかなか集中できない。どうすればいいでしょうか？」という質問を受けました。この場合、無理に嫌な感情を押し殺そうとすると、余計にそれが頭から離れなくなってしまいます。だから**集中するためには感情に素直になる**のが、遠回りに見えても効果的な対処法です。

すぐやる人は、しんどいときは「しんどい」、不安なときは「不安だ」というふうに素直に自分の感情を周りに伝えることができます。人間ですからそういうときがあって当たり前です。弱さを隠して強がっても仕方がありません。むしろ、そういう弱さを共有できるほうが「強い」のです。

しんどいときは周りに助けを求める。誰かが不安なときは自分が助ける。そういう人間関係を築いておくことで、心も行動も安定します。ついつい強がって、負の感情が積もり積もって爆発してしまうほうが、周りに迷惑をかけてしまいます。

とはいえ人には話せないこともあるでしょうし、いますぐ誰かに聞いてもらえない状況もあるでしょう。そんなときも、どんどん書き出すことが有効です。

紙に書きなぐるように、ひたすら「もう出てこない」となるまで、書いて書いて書きまくる。そうするだけで自分は何が嫌なのか、何に疲れているのかが客観的に見られるようになります。
これは、友人に悩みを相談しているときに、言葉にするだけで自分の中で落ち着く、解決するということがあるのと同じです。**気持ちを言語化するだけで、すっと心が整理されたようになる**のです。

私たちは毎日さまざまな不安や緊張を感じながら生きています。それでこそ人間らしいのです。もちろんいいことばかりだったらいいのですが、そういうことはなかなかありません。負の感情を抑え込むと行動したくなくなるので、どんどん吐き出しましょう。

POINT
嫌な気持ちは吐き出すほうが落ち着く

NOT TO DO

07

□「べき」にとらわれない

「べき」思考の最大の問題は、さまざまな選択肢を見えなくすることでしょう。いくつも選択肢があるのに見ないような状況に自分を追い込んでしまいます。**「べき＝当たり前」と考えている**ので、物事の本質を疑うことをしなくなります。

「メールは返信すべきだ」

「年相応の行動をすべきだ」

このように決めつけてしまうと、そもそもそれはやる価値があるものなのかわかりません。

なぜそうなのか、本当にそうなのかを考えることで、やる必要のないことに時間やエネルギーを割かなくて済みますし、何より心の健康にもいいのです。

「べき」にとらわれると、それほど重要でないものまで抱え込んでしまって、いつか自分がパンクしてしまいます。

それればかりか、**人間関係を悪化させやすい**です。「べき」にとらわれる人は、些細なことでも白黒はっきりさせたくなるので、自分だけでなく他人にも厳しくなりがちです。

また、自分の価値観を相手に押しつけてしまう癖があります。ましてや、いまは人々の価値観が多様化しているわけですから、自分のほうが正しいと疑わないのは、人からの信用を失いかねず、自分の首を絞めるだけになってしまいます。

結果的に、「べき」にとらわれる人は視野が狭くなって孤立してしまいます。たとえ相手と意見が対立しても、「まあ、そういう考え方もあるかな」と思えれば、時には「自分の価値観が凝り固まっているだけかも？」と考えられるでしょうが、それができないので、「ちっとも自分のことをわかってくれない」と感じて、仕事においてもチームプレーヤーとしての役割をうまく担えないことにもつながってしまうのです。

私は「やらない」を基本に行動するようになってから、「べき」の呪縛《じゅばく》から解放されたと思います。本来やる意味があることをきちんとやればいいだけですから、余計なことを抱え込むのは、重要なことをすぐやるうえでマイナスにしかなりません。

私もついついそれが当たり前だからやろうとしてしまいますが、ふとした瞬間に「もしそれをやらなかったらどうなる？」と立ち止まって考えて、「あ、やらなくても別に大したことにならないな」と思ったら、そこでストップします。

「べき」によってストレスは確実にたまっていき、人間関係も悪化させてしまいます。「べき」というムチを自分に打ち続けて苦しむことがないようにしましょう。

人生において、「すべき」よりも「したい」で動くほうがよほど充実しています。

POINT

「べき」はストレスになり、人間関係も悪くする

NOT TO DO

08

□否定語を使わない

否定的な言葉は心を蝕《むしば》みます。「でも」「だって」などの否定語をよく使うのは、すぐやれない人です。

たとえば、「できない」「無理」などの言葉を使い続けていると、おのずと気が滅入って、思考も後ろ向きになっていくのです。それによって**自己肯定感が低下します。**それでは当然、行動力も低下してしまいます。

やらないといけない状況においても、言い訳ばかりが頭をよぎるようになって、〝やらない理由探し〟をしてしまうのです。

私自身、否定語を使うことは避けています。

さらには、いつも後ろ向きのことばかり言う人ともできる限りつき合わないようにしています。

「でも、そんなの無理じゃない？」とすぐに言ってくる人と一緒にいたら、ちっとも前向きな話ができません。

私の周りにいる人もそうですが、「できない」と言う代わりに「どうすればできるかな？」と、常に物事を前に進めるためのやり方を考えます。

また、「だって」と言い訳する代わりに「だから、次はこうしたらいいのかも」と、ここでもやり方を考えます。

それは否定的な言葉を使うと、消極的になってしまうからなのです。

他人に使う言葉を変えることが最も簡単で効果がある方法ではないかと思います。

思考を変えようと思ってもなかなかむずかしく、形がないのでつかみどころがありません。

他人にどんな言葉をかけるのかを考えることで、自分自身を客観的に振り返ることができます。

そしてその言葉を一つひとつ前向きなものに置き換えていけば、おのずと自分の考え方も前向きなものに変わっていきます。

「でも、それってリスク高くない？」

「そうはいってても、むずかしそうだよね」

と感じて言葉にしそうになったときは立ち止まり、発想を転換して、

「たしかにリスクは高いかもしれないけど、どうしたらうまくいくかな」

というように言葉を変えてみるのです。


やらない人は、否定的な言葉を多く使い、言葉の持つ影響力に注意を払いません。

「言霊《ことだま》」という言葉を聞いたことがあると思います。

言霊とは、口にしたとおりの現実を引き寄せる、言葉に宿っている力のことで、日本では1200年ほど前から**「良き言の葉は良きものを招き、悪き言の葉は災いを招く」**と考えられてきました。

何でもそうですが、**やってみないとわかりません。**やる前から否定的な言葉でその可能性を否定したら、何も前に進みません。

すぐやる人はできる方法を考えるのが好きなので、否定的な言葉を使わないのです。

あなたが使っている否定語を意識的に肯定語に置き換えていくことで、まずは自分の思考が前向きになり、そして周りの人の感情もポジティブに変わります。

否定的な言葉をついつい使いそうになったら立ち止まりましょう。

否定的な言葉を使わないようにするだけでも思考が変わってくるはずです。

POINT

言葉を変えると思考も変わる

NOT TO DO

09 □ 結果を意識しない

がんばっても結果が出ないということはしょっちゅうあることです。
仕事や人間関係は相手があってのことです。人にはさまざまな思惑や価値観があるので、自分がよかれと思ってやったことが必ずしも相手にいいように伝わらないのは仕方がないことです。

夏の暑い日にアイスクリームを食べるとします。1個目を食べるときは「ああ、美味しい」となります。2個目を食べるときも「美味しいな」とはなるかもしれないけれど、1個目ほどの感動はありません。3個目を食べるときには感動のレベルはもっと下がります。さらに4個目、5個目と続くと感動のレベルがますます下がっていって、6個目になると吐き気がして、きっと「もう食べたくない」となると思います。

同じアイスクリームならば、アイスクリームの価値も同じなのに、私たちが感じる価値は異なるわけです。

このことからも、いくらいい提案やいいプレゼンをしても、相手がそれを欲していないタイミングならば、受け入れられることは少ないでしょう。

人生はタイミングが重要です。要は、**物事がうまくいくかいかないかは相手があってのことだから、どれだけやっても報われないときは報われない、**それくらいの気持ちで何かにチャレンジしていくことが大事なのです。

結果を意識して、何が何でも結果を出すという発想にとらわれると、あれこれ考えすぎて動けなくなります。だから「結果にはさまざまな要素が影響するものだ」と考えて、自分ができることだけに集中して、チャレンジすることを優先しましょう。

「どれだけ準備して試合に臨んでも、相手が想定とは違う戦い方をしたり、天候の影響だったり、スタジアムの雰囲気だったり、さまざまな要因が作用するから、実際にどんな試合になるのかはいつもわからない。勝敗にはいろんな要因が影響する」

これは私が中田一三さん（前京都サンガF.C.監督）と話していたときに聞いた言葉です。

結果にこだわると、絶対に負けてはならない、勝たなければならないというプレッシャーを背負ってしまいます。**結果を出すことよりも、自分の精いっぱいの力を出すことのほうが大切**です。そのうえで、結果を素直に受け入れる。**結果を受け入れることは自分の現在地を知ることだと考える。**自分の人生を俯瞰《ふかん》したときに、すべては自分を成長させるための栄養ですから。

プロは結果がすべてであることは事実です。しかしプロだって、結果を出すためには自分ができることだけに集中するほかありません。

すぐやる人にとって結果は結果でしかありません。結果は追い求めるものではありますが、それ以上に未来へ続くプロセスでもあるので、できることを行動に移すことが何より大事なのです。

POINT

結果は未来へ続くプロセスである

第2章

「仕事」でやらない

「仕事」の成果の基本は、重要なことを確実にやりきることではないでしょうか。しかし、仕事をこなせばこなすほど増える現代では、忙しさで自分をごまかすことができても、充実したワークライフを送ることはできません。自分を動かし、そして周囲を動かして、やらないことを決めましょう。

NOT TO DO 10

□むずかしいものから手をつけない

「朝にむずかしい仕事を片づけたほうがいい」
「簡単なものから手をつけたほうがいい」
仕事の進め方については、さまざまな意見があります。私の見解としては、**「気分」によって使い分けるのがベスト**だと考えています。

たとえば、朝起きた瞬間からやる気がみなぎっている日は、むずかしい仕事から手をつけてそれをクリアできたら、そのあとに勢いが出そうです。

しかし、前日に嫌なことがあったり、疲れが残っていたりするような日は、朝起きた瞬間から「動きたくないな」と気分があまり乗ってきません。

このようなときに大変な仕事から片づけようとすると、ハードルが高すぎて、ちっとも先に進まない、ということになりかねません。

気分が乗っていたら忙しくても、軽々とジムに行くことができますが、気分が乗らなかったら外に出ることも億劫《おっくう》に感じてしまうものです。この場合は、無理にジムに行こうとするのではなく、とりあえず外に出るきっかけをつくることが大切です。

気分が乗らないときに自分を無理やり動かそうと気合を入れても、結局はうまくいかないものなのです。

「やる気」というのは出そうと思っても出ないのです。**やる気が出ないときこそ小さな行動を起こす**ことです。

やる気はあとからついてきます。ですからハードルを下げて、できることに取り組む必要があるのです。

私はケンブリッジ大学院を卒業していますが、高校生までは勉強がとても苦手でした。試験前日に「少しでも何かやらないと」と思って、一番苦手な科目から勉強していました。すると、わからないことがあまりにも多くて、すぐに疲れてしまいました。

勉強そのものが嫌になるのです。自分にとってまだマシな科目の勉強に割くエネルギーさえなくなっていました。いきなりハードルが高いものから手をつけることによって消耗している状態です。

私は現在、大学で講義したり企業で研修したりする機会が多いのですが、その経験からいうと、**試験で良い点をとっている人は自分を乗せることがうまい**傾向にあります。

たとえば、良い点をとれない人は、総じて出題された順に解答しようとします。そしてむずかしい問題で答えに詰まっても解かないとダメだと思って、そこでエネルギーを消耗します。

試験は時間が限られているので、場合によっては全問解けずに終わってしまいます。

一方で、良い点をとっている人は、順番に問題を解くのではなく自分の得意な問題や簡単な問題から先に解いていきます。

そうすることで、「できるぞ！」という気持ちが高まり、作業のリズムが生まれ、脳のパフォーマンスが良くなることを知っているからです。

これは、自転車で坂を上ることに似ています。坂道の手前で漕ぎ始めるのと、平坦な道で勢いをつけてから進むのとではどちらがラクでしょうか。

スポーツの試合ももちろん同じで、体力を消費しないように準備運動やウォーミングアップをせずにいきなりハードな試合に臨んだらどうでしょうか。十分なパフォーマンスは出せないと思います。

すぐやる人は、いきなり大きい岩を動かそうとはしません。軽くてすぐに動かせそうな小さい石から動かすことで、自分をうまく乗せているのです。

POINT

→簡単なものから手をつけて、自分を乗せる

NOT TO DO

11

□100点満点を目指さない

すぐやる人は100点満点を目指しません。

そもそも、**仕事に唯一の正解なんてまずあり得ません。**上司やクライアントからいい評価をもらおうと完璧主義に陥ると、正解がないものに対して「ああでもない、いやこうでもない」と考えることに時間やエネルギーを費やしすぎて、なかなか行動に移せないと思います。

仕事には相手がいて、その相手の期待値を見極めることはむずかしいのです。

上司やクライアントから「これお願いね」と依頼されるわけですから、彼らの思い描いている理想があるわけです。自分なりに作業に取りかかっても、でき上がったものが上司やクライアントの理想と一致するかどうかはわかりません。

企画書やプレゼン資料ならば、いきなり100点満点を目指して何度も見直し、またやり直して、やっと提出したところで「これ、全然違うんだけど」となってしまう可能性は大いにあります。

途中経過を報告せずに「一発ＯＫ」を狙ってやり直しになると、モチベーションが下がります。しかし、逆に**こまめにフィードバックを得ることによってモチベーションを高めることができます。**

早い段階で〝たたき台〟をつくり、まず方向性が合っているかどうかを上司やクライアントに確認しましょう。

だから**60点くらいを目指します。**そうすると、「自分が考える60点にしてみよう」と思えるからラクになり、「とりあえずやってみる」ということになります。

実は本書もそうです。

私は出版社の編集者とこの本のテーマや方向性などを打ち合わせしてから執筆を始めました。でも、私が理解したことと編集者がやってほしいことが一緒かどうかはわかりません。

そこで、60点くらいのものをとりあえず書いて、それを確認してもらいながら進めていきました。

編集者は著者と読者の間に立ち、著者が読者に何をどのように伝えたら喜んでいただけるのかを考えるのが仕事です。

著者は専門分野でのスペシャリストですが、書いた内容が専門的だったり内容が難解だったりします。**自分にとって当たり前のことだから説明しなくても通じるだろうと思ってしまう**からです。

しかしそのまま本にしてしまうと、多くの人の役には立たないかもしれないのです。

拙著『「すぐやる人」と「やれない人」の習慣』を執筆していたとき、当初は心理学的な知見をもとに書こうとしすぎて、原稿には自分らしさ、つまり個性やオリジナリティが欠けていました。そのため、編集者からもっと私の体験をエピソードで入れてほしいというリクエストを受けました。

個人の体験というのは親近感やリアリティにつながるところがあり、エビデンス（科学的根拠）も大事ですが、そればかりでは面白くなくなってしまいます。このことを編集者に指摘され、自分の体験も織り交ぜながら原稿を修正していったわけです。

いまの私は「とりあえず60点くらいを目指して投げます。だからどんどんツッコミをお願いします」と編集者に伝えて、とにかく書いていきます。そのうえで、編集者とコミュニケーションを重ね、より良い原稿にしていくのです。

仕事においてもこのほうが、圧倒的に精度もスピードも上がります。

POINT

完璧主義を捨てて、とりあえずやってみる

NOT TO DO

12

□期限どおりにやらない

すぐやる人は、人から指示されたり頼まれたりした仕事の期限を守りません。なぜならば、「まだ何日もある」と考えると中だるみして、期限ギリギリになってから大慌て、ということになってしまうからです。

だから**期限は自分で決めます。**相手に言われた期日通りにやるのではなく、希望を聞いたうえで、締め切りを決めるのです。

すぐやる人に共通するのが、前例があるかないかではなく、それをやる意義や価値があるかどうかという視点で物事を判断するということです。つまり、**誰かがやっているからやるのではなく、自分の判断でやるかやらないかを決める。**前例がなくても意義や価値があるものはやるのです。

私たちの脳は一定の緊張感があるときのほうが集中できるといわれています。

試験でも、まだ時間があると思えば油断してしまいますが、時間が足りないかもしれないと思えば集中せざるを得ない状況に追い込まれますよね。

永遠にあるような気分になる夏休みのように、時間の制約もなく、いつやってもいいという状況では、なかなか自分にスイッチが入らないのは自然なことなのです。

やる気を引き出すためにも、**自分で目標を立てる**のが大切です。

人から指示されたり頼まれたりした仕事は、まだ自分事ではなく他人事なわけです。

ですから、**意志が弱い人にとって効果があるのは「人との約束」**です。それが推進力を生んでくれます。

相手と約束することによって、目の前にある仕事が相手と自分の仕事、つまり「私たちの仕事」に変わります。

たとえば、相手から「納期は1週間後でいいよ」と言われれば、4日で仕上げることをイメージします。そして、その完成までのプロセスを明確にしたら、「4日後に一度仕上げます」と宣言します。宣言することで、4日後に仕上げるための具体的な段取りを考えるスイッチがオンになるからです。

長期のプロジェクトであれば、とくに中だるみしやすいので、細かいゴールをたくさんつくります。2か月後が納期ならば、「来週までに○○まで仕上げて送りますね」と宣言します。こうすることで、「来週だったらいますぐ手をつけないといけない」となるので、行動に具体性が生まれます。

もちろん、無理をしてはいけません。どう考えても無理なのに、「やります！」と宣言して、結局その約束を守れなかったら「なんだ、あいつは口だけだな」と思われてしまいます。だから**何でも宣言してしまえばいいということではない**ので注意してください。

締め切りについて話し合いをする際は、「それはいくら何でも無理だな」と思うときは無理だと言うこと、そのうえで現実的な締め切りを設定し直すことも必要です。

時間がありすぎるから時間がなくなってしまうのです。締め切りを意識して仕事する場合とそうでない場合とでは、集中の度合いが変わります。

限られた時間しかないならば、私たちはその中でできることを真剣に取捨選択するようになります。

相手の希望する期日はしっかりと聞きましょう。そのうえで、「じゃあ自分はどうしようか」ということを考えて、相手の期日に従わないことで、自分で計画を立てられるようになるのです。

私はいまも自分が怠け者で意志が弱いと思っています。油断するとすぐに「ラクできるならばラクしたい」という気持ちが出てきて、仕事やジムをサボりがちになります。だからこそ、意志に頼らずに自分を動かす仕組みが必要ですし、そのことを常に意識して行動しています。

POINT

自分で締め切りを決める

NOT TO DO

13

□「なんとなく」で仕事を始めない

すぐやる人は「なんとなく」で仕事に手をつけません。時間帯によって取り組むべきことそうでないことが存在するからです。

ベースにあるのは脳のリズムです。**一日の中には脳が活発な時間帯と、そうでない時間帯があります。**

まずは起きてからの2~3時間後に脳が活性化する波のピークを迎えます。つまり、最も効率よく頭が働きます。朝7時に起きたならば、9時から10時が脳が活発な時間帯になります。

朝をピークにその波はお昼頃にかけて低下していきます。波が高い状態のときは集中力が高くなっています。

脳が活発な時間帯に集中力を必要とする仕事に取り組むことで、スムーズに作業を進めることができます。そして、それが大きなモチベーションになります。

『うまくいっている人は朝食前にいったい何をしているのか』（ＳＢクリエイティブ）の著者であるローラ・ヴァンダーカムは、**「早朝は〝意志の力の供給〟が一番高まる時間である」**という研究結果を報告しています。

とくに仕事上で直面している問題や気合を入れて臨む必要のある課題は、朝７時に起きたならば、９時から10時に取り組むのがベストですが、もしこの時間帯に脳への負荷が低い単純作業の仕事、メールのチェックばかりしていると、最も頭が働く機会をムダにしてしまうことになります。

スキマ時間でもできることを、この時間帯にわざわざ取り組むことはないでしょう。

お昼頃にかけて脳の機能が低下して、昼食を食べると眠気が発生します。

学生のときも、午後一番の授業はいくらがんばっても眠気には勝てない、ということを経験した人は少なくないでしょう。

昼食を食べておなかがいっぱいになると、「セロトニン」という脳内物質が分泌されます。

このセロトニンはさらに睡眠導入の効果がある「メラトニン」の分泌を促し、眠気を強める働きをします。

そんなときにいくら自分にムチを入れようとしても、生理的に脳がスリープモードに入っているわけですから、仕事の効率は良いはずがありません。

集中力を必要とする仕事に取り組む計画を立ててもうまくいくはずもなく、モチベーションはどんどん低下することでしょう。

脳が活発でない時間帯に取り組んでもはかどらないので、ストレスにつながってしまうことがあります。

私は毎日昼寝をする時間を計算してスケジュールに組み入れています。**「パワーナップをとる」**ということです。

パワーナップとは簡単にいえば、15分から20分程度の仮眠のことです。

ミシガン大学の認知心理学の研究でも、**パワーナップによって意志力は回復する**ことがわかっています。その効果は2～3時間続きます。

あなたが立てる一日の計画は、あなたの脳のリズムに沿ったものでしょうか。脳のリズムは生理現象なのでそれに逆らった計画を立てても、何事もうまくいかないどころか、モチベーションを低下させてしまいます。どんどんやりたくなくなるという悪循環を生むことになるのです。

ぜひ、脳のリズムを活かした計画を立ててみてください。やる気もみなぎってくるはずです。

POINT

脳のリズムに沿って仕事に取り組む

NOT TO DO

14 □スケジュールを埋め尽くさない

私はスケジュールを埋め尽くさないようにしています。つまり、毎日のスケジュールに余白がある状態です。

たしかにスケジュールが詰まっているほうが「忙しくがんばっている自分」を感じられるように思うかもしれません。

しかし、**チャンスというのは突然降ってくる**ものです。時間的な余裕がないと、チャンスが来たときすぐに動けないということになりかねません。

こんなことがありました。第1章で紹介したアメコミの巨匠スタン・リーが2016年、「東京コミックコンベンション（東京コミコン）」のために彼のチームとともに来日したのですが、私はこのときに「彼らが京都を観光したがっている」とケンブリッジ大学院時代の友人から連絡を受けました。それも2日後に東京から私の住む京都に来ることを計画しているという、あまりに突然の話です。

もちろん、そんな世界の巨匠のチームとつながれるチャンスはなかなかないので、私はすべての予定を変更し、京都で一日ガイドをすることにしたのです。

それがきっかけで2017年、私は「コミコン・インターナショナル（サンディエゴ・コミコン）」に招待され、現地ではチームメンバーと食事をしたり、マリンスポーツを楽しんだりしながら、仕事の話をすることができました。

残念ながらスタン・リー本人は2018年に亡くなりましたが、いまもチームメンバーとは親交が深く、日米の懸け橋となるようなコミックの製作計画が進んでいます。

マイケル・ジャクソンの右腕として活動した世界的に有名な振付師、トラヴィス・ペインの通訳の仕事もこれと似ていて、東京・六本木でのマイケルファンが集まるイベントの1週間前に、突然舞い込んできた話でした。

チャンスは本当にいつ降ってくるかはわからないので、スケジュールを埋め尽くしてしまっては、チャンスのときにバットを振れません。**いつでもスケジュールに余白を残して**

おくことで、心が動くような誘いにすぐに駆けつけることができます。

人生において、重要度という観点から物事を選別できるのです。

そもそも、計画どおりに物事が運ばないということが日常ではよく起こります。電車が遅れたり、ちょっとした事故に巻き込まれたりすると、スケジュールに余白がないとすべてダメになってしまうこともありますが、バッファを持たせておくことで調整ができるし、次の行動への一歩も早くなります。

忙しいことはたしかにかっこいいかもしれませんが、チャンスを失うことにもなりかねません。そうならないように、スケジュールは埋め尽くしてはならないのです。

POINT

いつでも動ける余白を残しておく

NOT TO DO
15

□ 書類はイチからつくらない

すぐやる人は、力の入れどころと抜きどころが上手だと第1章で書きました。何でもやみくもにやるのではなく、手を抜けるところは手を抜くというのは、勝負どころで力をしっかりと発揮するために、重要度が高くないものでエネルギーを消耗してはいけないからです。

企画書やプレゼン資料、議事録などの書類づくり一つとってもそうです。前回も同じことをしているのに、またイチから書類をつくっていたら、いくら時間があっても足りません。**パターン化しておけるものはしておいても構わない**のです。むしろそのほうが余計な時間やエネルギーを割く必要がなくなります。

メールもそうでしょう。私は日本語だけでなく英語でもメールを書く機会がありますが、どちらの言語もよく使う文面はある程度パターン化できるのではないでしょうか。

〝先日はありがとうございました〟などの簡単な挨拶に始まって、用件を伝えて、締めの挨拶をして、それで終わりです。

挨拶文や締めの文はたいてい決まっています。**毎回、同じ文面を入力するのはエネルギーがもったいない**ですから、私は定型文としてパソコンやスマホのユーザー辞書に登録しています。

たとえば、「め」と入力して変換するだけで、〝いつもお世話になっております〟〝ご無沙汰しております〟〝今後ともよろしくお願いいたします〟といった定型文が20ほど出てくるようになっているので、一発で入力できてしまいます。

英語も同じように登録しておくことで、素早く定型文を引っ張り出せますから、メールに割く時間を一気に短縮できます。例を挙げると……。

I hope this mail find you well.（冒頭の挨拶で、「お元気ですか」のような意味）

Thank you for...（お礼を伝えたいときに）

Please find attached the file.（「添付ファイルをご覧ください」のような意味）

It would be great if you could...（何かお願いしたいとき）

無論、これらすら必要がないときはなるべく入れないようにしています。

とくに企画書やプレゼン資料、議事録などの書類は〝ひな型〟がネット上に山ほどあります。「パクっていると思われたらどうしよう」と心配する必要はありません。結局のところ、誰かの資料も他の誰かのパクリだったりするわけで、**そんなことを誰も気にしていないし**、それよりも時間やエネルギーのかけるべきポイントを見抜くことが大事なのではないでしょうか。

だから私は、書類は基本的にざっくりとしたものしかつくらないことにしています。そしてそれをいつも使い回しています。

POINT

→ **パターン化して使い回す**

NOT TO DO

16

□長文のメールを書かない

すぐやる人は、長文のメールは書きません。

一方で、すぐやれない人はメールが長く、やたらと丁寧で体裁ばかりを気にしています。当然それでは、メール1件返すのに時間がかかりすぎます。**丁寧に書いた割には相手が思ったように動いてくれなかったり、そもそも返信がこなかったりすることが多い**ものです。

すぐやる人は、まず返信する必要があるかを考えます。そのうえで、何を最も伝えたいのかを考えてシンプルに言葉にします。

〝ありがとうございます〟

〝了解しました〟

このようなひと言だけの返信すらあるでしょう。実はこれは、すぐやる人の習慣といえます。

すぐやる人は、第3章であらためて書きますが、人を巻き込むのがうまいです。人を巻き込んでいくためには、シンプルに伝えないと伝わらないことを知っているのです。とくに多忙を極める人と仕事をするうえでは必須のスキルです。

だらだら書いた**長文のメールは相手にとって負担になる**からです。

みなさんも届いたメールを開いた瞬間に、とても長い文章が画面に現れて一気に読む気が失せてしまったという経験はないでしょうか。この場合、メールを読むこと自体大変ですし、それに返信しないといけないと考えると、「相当な時間がかかってしまうのではないか?」、内容によっては、「いったい何が言いたいのかわからないなあ」となってしまうこともあるでしょう。

〝○○の件でご相談したいことがあります。お時間をいただけないでしょうか〟

まず、このように用件を書いて、それから具体的な内容を説明することで相手の読む負担を減らすことができます。そのうえ、相手は何をすればいいのかがわかるので返信もしやすいですね。

テンポよく人に動いてもらうためには、相手に考えさせてはいけないのです。

あなたは相手に考えさせない、面倒だと感じさせない工夫をしているでしょうか。早く動いてほしいのに相手がすぐにやってくれないのは、あなたのメールが面倒なものになっているからかもしれません。

いまの時代は、とくにLINEやSNSなどのチャット形式のやりとりが多いです。長文では、見た瞬間に「うわっ……」と相手が感じてしまうリスクが高いといえるでしょう。

あなたが相手に伝えたいことをひと言で言うと何でしょうか。

〝いつもお世話になっております。〇〇株式会社の〇〇でございます〟など、あなたのメールの前置きは、形式的なものになっていないでしょうか。そのためにメールが長文になっていないでしょうか。

本当にその前置きはないといけないものか考えてみたことはあるでしょうか。

まだつき合いの浅い取引先などでないなら、前置きを省略して、〝こんにちは。先日の〇〇の件ですが……〟と始めてもいいのです。

かくいう私も、かつては長文のメールになってしまう傾向がありました。

しかし、**すぐやる人たちのメールを観察していると、みんな短かった**のです。

それに気づいてから、余計な前置きや、仕事上関係のない私的な報告などはバッサリとカットすることにしました。

体裁にかけていた時間を他にやることにあてられて、より多くの仕事をこなせるようになったと実感しています。

ぜひ、あなたもメールを見直してみてください。

POINT

余計な前置きは省略する

NOT TO DO

17 □メールは全部返信しない

すぐやる人は、すべてのメールに返信しないをデフォルトにしています。

できるビジネスパーソンは「メールの返信が早い」「メールは即レスが多い」という意見もよく聞きます。たしかにこれらの考えにも一理あります。ただ、すべてのメールに対して即レスするのでしょうか。決してそうではないと思います。

すぐやる人は、緊急度や重要度を見極めて行動します。仕事上、緊急度も重要度も高いものは即レスすればいいですが、何でもかんでも即レスしようとしていたら、目の前のことに集中できないでしょう。

即レスが本当に必要なメールは、私の体感でいうと1割程度ではないでしょうか。**ほとんどのメールは即レスが必要のないもの。それに加えて、そもそも返信しなくていいメールもたくさんあります。**

一般に暇な人ほど返信が早いといえます。

緊急度や重要度を見極めず、メールが来たからとにかく返す。これでは効率は上がりませんし、時間やエネルギーを無駄にしていることにも気づいていないのです。

私の場合、ある日は朝からラジオの収録、昼食をとりながらミーティング、昼食後は別件の打ち合わせ、その後もまた別件の打ち合わせ……とやっていると、それだけでもう夕方になってしまいます。その間、メールを確認することはほぼできません。だからかなりの数のメールがたまります。その一つひとつをそのつど丁寧に扱っていたら、他の仕事に回す時間やエネルギーはなくなってしまいます。

SNSのコメントも同じです。返信することでプラスになると感じるもの以外は返信しなくていいのです。だから返信しないのがデフォルトです。不毛なやりとりをしていても何も生まないからです。

ある講演会で、元サッカー日本代表監督の岡田武史さんが「日本人が乗り越えられていない壁は主体性を身につけることだ」と話されていたのを聞いて、「それはサッカーだけではなく、社会全体に言えることだな」と強くうなずかされました。

私は良いインプットができたので、SNSに投稿することにしました。すると、〝私も岡田さんとお会いしたことがありますよ〟とコメントした方がいました。このコメントには返信しようがありません。だからスルーします。

ちなみに、私はこれまでお会いしたことがある人からFacebookの友達申請が届いたら基本的に承認していますが、承認するとFacebookのメッセンジャーからその人が開催するセミナーの案内メールが送られてくることがたびたびあります。

もちろんこれにも返信しません。面倒くさいなと思いながらも、〝ご案内ありがとうございます〟とやりとりすることは不毛だからです。

メッセンジャーに**既読がついたのだからそれでいい**と思うのです。興味があれば返信するし、信頼関係を築いている人からの案内であれば必要に応じて返信します。

LINEやメッセンジャーなどはメールに比べて文章が短く、会話をしているようにやりとりがスピーディーに進みます。私はこれらのツールも返信しないをデフォルトにしています。

とはいえ仕事上、緊急度や重要度が高く、テンポよく進める必要があるもの、いま詰めておく必要があるものはタイミングが命なのですぐに返信します。

「このメールは本当に返信しないとダメなのだろうか？」という視点で見極めることが大事です。

何でもかんでも返信する人は暇な人、仕事ができない人だと思われてしまいかねません。

POINT

緊急度や重要度の高いメールは1割程度

NOT TO DO

18

□仕事は〝丸投げ〟しない

仕事は一人で完結できるものが少なく、誰かと一緒にチームで進めていくものがほとんどです。チームとして仕事を前に進めていくためには、自分が着実に行動する必要もありますが、一方で周りにも同じように着実に進めてもらう必要があります。

自分だけ進んでも、周りが進んでいなかったら、仕事が停滞し、身動きがとれなくなってしまいます。周りに「すぐ」やってもらうためには、どうすれば停滞しないかを考える必要があるのではないでしょうか。

あなたが取引先はもちろんのこと、部下や同僚などに依頼する場合、

「来週のプレゼン資料を準備してくれる？」

「報告書を作成してくれない？」

と言うだけで終わっていませんか。このままだと指示が曖昧《あいまい》です。相手が質問してくれ

たらいいのですが、そうもいかないことのほうが多いと思います。

それでいて、「いつになったら仕上がるんだ!」「いや、俺が指示したものになってないじゃないか!」などと心の中で思ってイライラしていないでしょうか。

「言われなくても察しろ」「わからないなら自分から聞け」などと言うのはその通りかもしれませんが、なかなか無理がある話です。結果として、自分が思ったものと違うものができ上がってきたら、二度手間になってしまいます。


ですから、指示が曖昧なまま仕事を依頼するとうまく進まないし、ストレスにもなるので、明確に伝えたいものです。

まず、**最終的な期日を伝えるだけではなく、たとえば「とりあえず50%くらいの感じでいいから、一度そこまでで方向性を確認しよう」と伝えて、相手のハードルを下げておく**ことも大切だと思います。

次に、その**仕事の目的を伝える**ことも大切です。

企画書やプレゼン資料であれば、誰に渡すものなのかによって文章の書き方や文字の大きさなどが変わります。少人数の社内会議用であれば、文字が小さく間隔も詰まっているものでもいいと思います。しかし、多人数の社外プレゼン用であればしんどいでしょう。

その仕事の目的が明確になっていると、迷いが生じたときにも、判断のよりどころができます。

さらにいうと、**なぜその人に依頼するのかが明確**だともっといいです。

人は頼りにされている、信頼されていると感じたときに、やる気が高まります。そのうえ、「あなたにお願いしたい」ということが伝わると、やる気はもっと高まります。

私もそうです。仕事の依頼をいただくときに、「なぜそれをやる必要があるのか」「なぜ自分に依頼してくれたのか」が伝わってくると、やる気も高まって、「がんばろう」と思えます。

たとえば、講演依頼をいただくときに、拙著『すぐやる人』と「やれない人」の習慣』を読んだ方から、「意志の力に頼らない、環境を整えることの大切さを、学生や親に話してほしい」とお願いされると、「なるほど、『環境で自分を動かす』という自分が推したい部分に期待していただいている」ということがわかり、やる気に火がつきます。

人は「なぜ自分なのか?」ということは気になりますし、**「誰でもいいんじゃないの?」**

と感じると、モチベーションは高まりません。

仕事は正解がないことが圧倒的に多いので、相手と自分の「納得解」を模索するしかありません。

相手がすぐに動けるように、そして自分が想定していたものから大きくズレてしまわないためにも、仕事を〝丸投げ〟しないようにしましょう。

POINT

相手がいますぐ確実に動くための伝え方が必要

NOT TO DO

19

□曖昧な言葉を使わない

「すみません、少し遅れます」

「昨日はたくさんの人にご来場いただきました」

「資料はのちほどお送りしますのでお待ちください」

このように言われても、「少し」「たくさん」「のちほど」といった言葉は曖昧ではっきりしません。

たとえば、待ち合わせで「5分遅れる」と言われれば、ここで待っていようか……という判断もできます。「20分遅れる」と言われれば、近くの書店で気になっていた本のチェックができるかもしれません。

すぐやる人は、ふだんから曖昧な言葉を使わず、具体的に話します。

繰り返しますが、ほとんどの仕事は一人で完結できるものではありません。複数の人と協働してこそ仕事は前に進みます。ですから、周りとの調和を図ることが必要です。

期限を伝えるときに曖昧な言葉を使ったら、相手は「いや、それっていつのことだろう？」となってしまう可能性が高くなります。

相手にも準備や段取りがあります。**「〇日まで」と具体的に伝えることで、相手はようやく具体的に動くことができる**のです。

曖昧な言葉は相手にあまり刺さりません。相手を動かすという点においても、良い効果を生みません。

また、**曖昧な言葉は強制力を持たないので、自分を追い込むこともなくなってしまいます。**

「少しだけお待ちいただけますか？」

この「少しだけ」は、人によって受け取り方が違いますよね。

5分も「少し」だし、状況によっては30分や1時間も「少し」かもしれません。しかし、

「30分お時間をいただけますか？」

と言ってしまえば、30分以内になんとかしなければ！という強制力が働きます。つまり、

やらないといけない状況に自分を追い込むことができるわけです。

あなたの上司が曖昧な言葉で指示してくることもあるでしょう。

「来週の打ち合わせの資料、早めに送ってくれる？」

こう言われたときに、「『早め』っていつだろう？」となります。その「早め」は今日中なのか、それとも今日の午前中なのか曖昧ですよね。

そのまま放っておくと、「この作業が終わったくらいに送ればいいか」くらいの認識を持ってしまい、「すぐやる」からは遠ざかってしまいます。

期日が明確ではないものに対してはなかなかやる気は起きません。だから曖昧な言葉を使わないし、曖昧な言葉で指示されたらそのままにしないようにします。

この場合、「明日の10時までに送ればいいですか？」と尋ねてしまえば、具体的な行動に変わります。

相手と自分の間にある言葉の認識の差を埋めることができるわけです。

曖昧な言葉は、**相手を不安にさせたりイライラさせたりする原因になります。**

仕事でもプライベートでも、ちょっとした言葉が大きなトラブルを招くことは少なくありません。
仕事をスムーズに進めるために、曖昧な言葉は使わないようにしましょう。

POINT
↓
具体的な言葉だから人は動く

NOT TO DO

20

□スマホをカバンにしまわない

最近、さまざまな方と仕事をしていて気づいたことがあります。

すぐやる人は、打ち合わせや会議のときにスマホをカバンにしまうのではなく、**テーブルの上に置いている**ということです。

そしてただ置いているだけではなく、**スマホを堂々と触ります。**

もちろん、打ち合わせや会議から意識が遠のいているわけではありません。

会話の中で知らない言葉が出てきたらその場ですぐに調べていました。スマホを活用することで、打ち合わせや会議の質を高めているのです。

たとえば、名刺交換した後に相手の企業に興味を持ったら、本人の口からどんな会社かを聞いたうえで、その企業のサイトにアクセスする。相手から聞く情報がもしかしたらすべてではないかもしれない。相手は自分と接点をつくるために必要だと思ったことしか伝えていない可能性がある。でも、本当は違うところに接点があるかもしれない……。このように考えるのです。

先日もこんなことがありました。アメリカの大手コミック出版社「IDW Publishing」で働いている友人が来日したときに、「日本のコンテンツをアメリカでも流行らせたい」と熱く語るので、私は日本でアニメ制作を手がける会社の社長を紹介しました。

友人は「うちの会社でこれまでにつくってきた作品は○○です」と社長に説明し始めました。すると社長は「おお、それはすごいね」と言いながら、スマホで友人の出版社のサイトをチェックして、「こんな作品もつくってるんだね」と違う作品に引っかかったのです。そこから話は大きく広がっていきました。

もし社長が、友人が紹介するままに「へえ～、そうなんだ」と話を聞いていただけなら、こんな展開にはなっていないでしょう。

「百聞は一見にしかず」という言葉があるように、**相手の情報に興味を持ったらそのままにするのではなく、自ら一歩踏み込んで調べてみると、意外な共通点があったり、一緒に取り組めるビジネスのアイデアが見つかったりする**かもしれません。

情報社会だからこそ一度その場で調べてみることで、相手の情報に対する疑問も浮かんでくるかもしれません。

「御社ではこのような取り組みもされているようですが、これは○社の取り組みとはどう違うのですか？」

こんなふうに、**その場で「質の高い質問」を投げかけることができる**かもしれません。

そして、話の流れが思わぬ方向に進むこともあります。事前に準備していた資料だけでは対応できないこともあるでしょう。

このときに、自社のSNSやYouTubeの情報を相手に見せることで、より説得力を増すこともあります。

「うちの会社はこういうのをつくってきたんだけど、より良いものをつくるためにはどうしたらいいかな？」

実際にスマホで見ながら話すほうが相手もイメージしやすいでしょう。

相手にとっても「百聞は一見にしかず」です。そのためにはスマホを触ったら相手に失礼だと考えて、カバンにしまってしまうのはもったいない。そう思いませんか。

まさに、「鉄は熱いうちに打て」。打ち合わせや会議の生産性を高めるためにも、「あとで調べよう」ではなく、「いますぐ調べよう」。あとで調べようでは、その場の議論が薄くなってしまうのです。

POINT

その場で調べないことがチャンスを逃す

NOT TO DO

21

□7人以上の会議は参加しない

仕事をするうえで「会議」は外せないものだと思います。

しかし、あなたは毎回、会議に参加する目的や意味を明確にしているでしょうか。参加する必要性が感じられないことがけっこう多いのではないでしょうか。なんとなく会議に参加することほど、時間の無駄遣いはないと思います。

私の場合、議題と参加者、人数を確認して、

「生産性が低そうだ」

「自分が出てもあまり意味がないかも」

と感じる会議には参加しません。

他に大事なアポをバッティングさせて、「どうしても会議に参加できない」と伝えます。

他に大事なアポが入っていたら、「それは仕方がないね」となりますから。

なかでも、**人数の多い会議は非効率**なので参加しないようにしています。

そもそも、会議をするのはその場で意見を出し合って、これからについての意思決定をするためです。そうすると会議で意見を出さない人は、とくにいる必要のなかった人ではないでしょうか。

会議の生産性を高めるためには、明確な目標や、意見を活発に出せる人、その雰囲気が重要です。

そう考えると、会議では人数が増えれば増えるほど、一人の発言の機会は減るし、誰かが一方的に話すことで何も発言しない人も増えるので、生産性は落ちてしまいます。

たとえば４人で会議をしていれば、その４人が参加する理由があるはずです。一人ひとりに参加する意義があるために、会議へのコミットメントも高いものとなります。

しかし、会議の人数が多いと参加しなくてもいい人すら出てくる可能性が高まります。

人数が少ないほうが、それぞれが**目的意識を持って会議に参加するので、短時間で無駄なく会議を終えられる**可能性が高いと思います。

だらだらしてしまう原因は、人数が多すぎて、会議への目的意識が低い人が増えてしまうからではないでしょうか。

これはプライベートの食事会でも同じです。だらだら話すような場もそれはそれで楽しいのかもしれませんが、私はなんとなく参加する食事会はそもそも意味がないと思っています。

その場で自分なりに他の参加者に質問してみたいことや相談したいことがあっても、参加者が多いとそれができません。他の業界のことについて聞くチャンスだし、新しい取り組みについて考えるいいきっかけにもなるので、やはり濃い場にしたいと思っています。

私はよほどのことがない限り、7人以上の会議や食事会には参加しないようにしています。

マイケル・マンキンス著『TIME TALENT ENERGY 組織の生産性を最大化するマネジメント』（プレジデント社）に書いてあったことですが、**会議の参加者が7人を超えると1人増えるたびに優れた判断を下す可能性が10％下がる**といわれています。

会議の机やレストランのテーブルを考えてみると、一般に6人が限度です。6人までのテーブルだったら、角と角の席に座っている人の声も聞こえるので、会話することが可能です。でも、7人以上座れる広いテーブルだったらどうでしょう。角の人同士はけっこう遠くなるので、参加意識は落ちてしまいがちです。
参加〝しない〟会議を見極めましょう。

POINT

参加人数が多い会議は非効率

NOT TO DO

22

□「P」dcaしない

日本企業と取引している海外の方によく言われるのが、日本では「ＰＤＣＡ」を大切にしようとしすぎて、**いい計画が完成するまで動けない**ということです。

ＰＤＣＡとは、Plan（計画）・Do（実行）・Check（評価）・Action（改善）の略で、仕事をマネジメントするときに必要になるものです。

多くの場合、徹底的に情報を集め、シミュレーションして、計画を立てて、リスクについてあれこれ考えすぎる傾向にあると指摘しているのです。

結果を求めるあまり、完璧な計画ができ上がるまで「ああでもない、こうでもない」と考えすぎては、結局は行動に移せないまま終わってしまいます。

また、自分のこれまでの経験の範囲で物事を判断しようとしても、前例のないものに対して不安を感じてしまいます。

情報の収集において、たしかにこれまでのデータや誰かが成功した事例などは参考になりますが、**変化のスピードが速い現代においては、「昨日の成功は今日の失敗」になってしまうことがあり得ます。**

どれだけいい計画を立てたとしても、過去に基づいてそれを立てている以上、状況が変わっていることでうまくいかない可能性は十分にあるのです。

だからすぐやる人は、ＰＤＣＡのＰだけが大きくなって**Ｐｄｃａにならないように、むしろｐＤＣＡを大切にしている**のです。

そもそも、**人生は計画した通りには進みません。「人生は計画よりも偶然の積み重ね」**というふうに考えることができるのではないでしょうか。

私が読書に目覚めたのも、高校1年生のときに喧嘩の事件を起こし、停学・自宅謹慎になったからです。退学寸前までいって、「このままでは俺の人生に先はない」と将来に不安を覚え、「世の中の成功者はいったいどんな人生を送ってきたのか」に興味を持つようになったのがきっかけでした。

書店で偶然見かけて最初に手に取ったのが、京セラ創業者の稲盛和夫さんが書いた『人生と経営』（致知出版社）です。そして読んでみたら、成功者は生まれながらにしての成功者ではなく、逆境を乗り越えてきたことを知り、生き方についての考え方が大きく変わったのでした。

人との出会いもそうです。決して計画したものではないはずです。友人に誘われて参加した飲み会で、たまたま隣に座っていた人が生涯のパートナーとなることだってあるでしょう。旅先のレストランで知り合った人と意気投合して新しいビジネスを立ち上げることだってあるでしょう。

あなたのこれまでの人生を振り返ってみてください。計画よりも偶然が人生をつくってきたことのほうが圧倒的に多いのではないでしょうか。

すべてにおいて、行動なくして偶然もない。

すぐやる人は、**D（行動）してこそのP（計画）**だと考えているのです。

POINT

行動なくして偶然もない

第3章

「人間関係」でやらない

私たちは社会的な存在なので、一人で生きていくことはできません。「人間関係」が私たちの日々に与える影響は非常に大きいです。しかし、それに振り回されていては、「すぐやる」力もうまく発揮できません。一人ではできないことを成し遂げていくためには、人間関係に依存するのではなく、他者との関わり方を変える必要があります。

NOT TO DO

23

□他人に期待しない

第1章でも触れたように、変えられないものを変えようとすればするほど、心身ともに消耗してしまいます。

他人を変えることはできないので、他人に期待しないということも必要なのではないでしょうか。

私は他人への期待ほど、心の健康に悪影響を及ぼすものはないかもしれないと思っています。

すぐやる人は、他人への期待を手放しています。つまり、**「人をどうしよう」とか「人にどうしてもらおう」という考えを捨てている**ということです。

他人はもちろんのこと、家族も友人も自分でコントロールすることはできないのに、なんとかしてコントロールしようとしてしまう。しかし、それぞれ意思を持った存在ですから、それぞれ自由なのです。

他人への期待があると、自分がコントロールできない存在に自分の心を預けることになります。

自分の思っている行動を他人がとってくれなければ、勝手に傷つきますし、腹が立ちます。これは他人に振り回されている状態です。

それならば、他人という不確実な存在に自分の心を預けてしまわなければいいのです。預けなければ振り回されることもありません。


私は自分が怠け者だと自覚しているので、「周りもみんな怠け者だ」という前提で人と接します。

ラクできるならばラクなほうがいい。これは悪いことではないと思います。そうして文明は発展してきたのですから。便利な商品やサービスが生まれるのは、なるべく体を動かさずに、面倒くさいことをせずに、でも何かを手に入れたいという欲求からです。

ですから、誰かに何かを依頼するときは、こまめに声がけしてリマインド（再確認）します。

「やっておいてね」と言って、相手に期待してずっと待っていて、結果的にちっとも進んでいなければ、腹が立ちます。でも、声がけで停滞している状況を少しでも改善できるならば、そのほうが得策です。

相手に期待せず、自分ができることにフォーカスしたら、打てる手がいっぱいあります。最近、企業の方から「最近の若者はわからないことをわからないと言えない」という話をよく耳にします。だからといって、相手に期待して「質問してこいよ」と言ってもなかなか前に進みません。

また、誰かに何かを依頼するときは、常に条件をつけておきます。

それは「if not then」です。

「もしダメだったときは○○する」と決める。
「もし明日連絡がなかったら電話する」と決める。

相手にはそれぞれ事情があるかもしれないので、イライラしても心に悪いですから。

他人への期待を手放すことで、**準備する思考にスイッチが入ります。**

準備があれば、突然の出来事にもあわてふためくことがなくなります。

POINT

相手に期待しないと自分が準備ができる

NOT TO DO

24

□正論を振りかざさない

すぐやる人は、周りを巻き込むことがうまいです。つまり、人を動かす、人にやってもらう術を知っています。

自分一人ができることは限られているからこそ、人を巻き込むことで、一人では成し得ない大きな仕事にもチャレンジすることができます。

なかでも、正論だけでは人は動かないことを知っています。だから正論を振りかざすことはしません。

人に動いてもらおうと思ったら、言っていることが正しいだけではダメなのです。

人間は感情の生き物なので、論理と感情の間で揺れたときは、感情が上回ることが多いです。

頭ではわかっているけれど心が納得しないということはたくさんあります。ロボットではないから、いつも論理的な判断ができるとは限りません。

論理的に正しいのかもしれないけれど感情的には正しくない。そんなことは日常茶飯事です。

「なんでこんなことしたんだ！　誰がどう考えても、こんなことをするなんておかしいだろ！」

あなたが上司からこう言われたとき、論理的に考えたらたしかにそうかもしれないけれど、心が納得しないことがありませんか。

「この人、私の気持ちなんて全然わかってくれていない。聞こうともしてくれない」

むしろ反発心を覚えることだってあるのではないでしょうか。

私もかつては正しいことを追い求めすぎていたために、自分にとっての「正しい」を周りに押しつけていた時期がありました。

しかし、人の何倍も勉強して知識を身につけ、自分の言っていることは正しいのだから、ああしてほしい、こうしてほしいと言えば言うほど、人を引っ張っている気にはなれませんでした。

自分ですら論理的にすべての行動を決めているわけではない。家に帰ったら勉強しようと思っていても、昼間に嫌なことがあってそんな気分になれない。やらなきゃいけないのはわかっているけれど、今日だけはやりたくない……。そうなることはあります。

自分自身を振り返り、正論だけでは人の心は動かせないと理解しました。

人を動かすには、正論を振りかざすより、相手の話に耳を傾けることが重要です。**相手の話を聞くことが信頼関係を築く**ことにつながります。

信頼関係ができていないと、相手は自分の話を聞こうとしてくれません。

だからまずは自分が相手の話を聞きます。

そして相手の心の声、つまり**感情に耳を傾ける**のです。

「最近どう？」とこまめに聞いて、コミュニケーションの機会を増やしながら、押しつけがましい態度にならず、「僕はこんなことを考えているんだけど、君はどう思う？」というふうにしていかないと、人を動かす、周りを巻き込むことはできないのです。

自分は正しい、自分は間違っていないと思う気持ちも大切です。

しかし、論理的に考えて出てきた「正しい」は、感情的には正しいわけではないかもしれません。

それは相手にとっての正しいではないこともあります。

「あいつはなんでわかってくれないんだ?」となったときほど、正論を封印して、相手の感情を理解することが大切なのです。

POINT

相手の感情を理解する

NOT TO DO

25

□利口ぶらない

すぐやる人は、利口ぶりません。

たとえば、「○○って知っている？」と人に聞かれたときに、それを知らなくても「ああ、知っています、わかっていますよ」と返答して、あとからこっそりネットで調べるといったことはしません。むしろその場で「それって何ですか？　勉強不足で……」と、知らないことは知らないとはっきり言います。

知らないものを知らないとその場で言わず、話がどんどん進めば進むほどついていけなくなります。

仕事でそういうことになったら、自分が何をどうしたらいいのか判断することができません。それでは当然、行動に移すことはできないでしょう。

それだけではありません。

「あとで調べたらいいだろう」と思っても、結局は調べないままにしてしまうことは多いでしょう。その場で知らないということを伝えるだけで、新しい知識を得られたはずなのに、そのチャンスを逃してしまうことになります。

そんな私もかつては利口ぶっていました。「ケンブリッジ大学院卒」ということで周りからは「頭がいい人」というイメージを持たれていたために、そういう自分を演じようとしていました。

だから**知らないことを知らないと素直に言えませんでした。**

そうすると、その場しのぎの話になってしまって、具体的な意見を言うことはできないし、チャンスをつかむこともできません。あとで調べようと思っていても、日々やることに追われているうちに忘れてしまいます。

仕事では、上司や取引先などからの依頼や指示が不完全なものだったり、漠然としていてわかりづらかったりすることがあるでしょう。そのときに、その場で相手に聞かずにあとで自分で解消しようとうんうん唸《うな》りながら考えていたら、ちっともやることが進まないでしょう。

具体的にやることがわかっていないときは先延ばししやすくなってしまいますから、何もいいことはありません。

素直にその場で聞くことができれば、疑問はクリアになったはずなのに……。

疑問や質問が浮かんだ時点で、相手にそう言えばいいのに言えないというのは、**すぐに聞くことができていない状態**なわけです。

この状態を解消するだけで、もっと深く議論できたかもしれないのに、自らチャンスを棒に振っていました。

私はこのことに気づいて、非常にもったいないことをしていると感じました。

それからは次のことを心がけるようにしています。

知らないことは知らないとその場で言う。

疑問や質問はその場で「すぐに」解消する。

知ったかぶりをしない。

「あとで」とは決して考えない。

仕事を前に進めるために、そして自分が成長するためにも、その場で解決するための素直さは大切にしたいものです。

POINT

知らないことは恥ではない

NOT TO DO

26

□人の心を深読みしない

事実というものは存在しない。存在するのは解釈だけである。

これはニーチェの言葉です。

行動を鈍らせてしまう原因の一つに、他人の心の中を深く知ろうとすることがあるのではないでしょうか。

「丁寧なメールを送ったのに、返事が1行だった」

「なんか最近、SNSに『いいね！』をしてくれなくなった」

人は誰でも好かれていたいと思うものです。

嫌われると自分を否定された気がするので、心地いいものではありません。

だからこそ、毎日さまざまな人と関わるなかで、ついつい相手が自分のことをどう思っているかを気にするのは無理もありません。

とくに最近はリアルとバーチャルが入り交じるから、なおさら複雑です。LINEやSNSで、友人や同僚と実際に会っていなくても接触することができるようになりました。人とつながっている時間がこれまで以上に増えています。

かつては会社や学校から帰ったら、人がどこで何をしているかなど知るよしもないし、考えもしなかったでしょう。

すぐやる人は、**「他人の心はわからないものだ」と考えて、自分のできる最善を尽くします。**

それしか結局のところできることはないとわかっているからです。

仕事もそうでしょう。たとえば新商品を開発し、「おお、これはヤバいくらい売れるんじゃないか」と思って市場に出したのに、「あれ、全然反応がないぞ」となってしまうことが残念ながらあります。

他人の心の中なんて結局のところわからないわけですが、誤解しないでいただきたいのは**「まったく無視しろ」と言っているわけではない**ことです。

ある程度「こうかな」と思ったら、それ以上は相手の心の中を読もうとしない。それよりも行動に移してみる。そして相手の反応を見て軌道修正する。これしかないのです。

自分のSNSの投稿に最近「いいね！」をしてくれなくなった人でも、実際に会うと「この前、あんなことがあったんですって？」と話題にしてくれたり、「いやあ、あれはすごいですよ！」と評価してくれたりすることもあるのです。

相手が抱いている自分のイメージを勝手に想像し、不安だから悪いほうに考えてしまうと、自分も相手に良いイメージを持てなくなります。

自分に自信がない人ほど、他人を「敵」か「味方」かの両極端なグループに分けてしまいます。

これが、他人の心の中を読もうとしたことが招く〝悲劇〟です。

急な事情があったのかもしれません。
体調が悪かったのかもしれません。
嫌なことがあったのかもしれません。
ＳＮＳに飽きたのかもしれません。

自分ができることだけに意識を向ける。人のことは気にしない、相手の心の中を深読みしない。なぜなら他人はコントロールできないのですから。

POINT

他人のことは結局のところわからない

NOT TO DO

27 □情報だけで人を判断しない

ネットはもちろんのこと、テレビや新聞、週刊誌などで紹介されている情報がすべて正しいと思ってはいけません。意外と多くの事実ではないことがあたかも事実であるかのように報道されています。

私がそのことに気づいたのが高校1年生のときです。喧嘩の事件を起こし、停学・自宅謹慎になったことは第2章で書きました。実はこれは、50人あまりが病院に搬送される大きな事件でした。

私も入院したのですが、この事件の報道を病室のテレビで見て愕然としました。テレビでは私が相手を待ち伏せして周到にしかけた喧嘩のように報道していましたが、事実は異なります。突発的に発生した喧嘩でした。どこか私がふだんからいじめをしているかのような報道にいらだちを抑えられませんでした。

翌日の朝刊にも事件の記事が載っていましたが、やはり事実と異なり、それを読んだ人は私がとても悪い人間だと感じたでしょう。そのときは悲しみと憤りでいっぱいでしたが、いまから考えると早いうちに気づけたのは私の人生にプラスだったといえます。

私たちは日々たくさんの情報に触れるわけですが、**「あくまでも誰かのフィルターを通った情報である」**ということを忘れてはなりません。

だから人とつき合うときにも気をつける必要があります。

「あの人ってこんな人だよ。かつてあんなことをしたらしいよ」

このように周りから聞かされることがよくあります。

私は変に思い込みを持ってしまうと相手のことをそういった目で見てしまうので、「そうなんですか」と参考程度にとどめます。

そして、**実際にその人と会って自分の感覚で判断する**ようにしています。会ってどう感じるのかは自分次第だと思うからです。ダメだと思えばそこでつき合いをストップすればいいし、ポジティブに感じたらつき合いを続ければいいのではないでしょうか。

名前が売れてくると、人から嫉妬されることも増えます。放っておいても悪い情報が勝手に一人歩きすることがあります。とくに芸能人、スポーツ選手の不倫や薬物問題がそうです。もちろん、根拠となる事実があれば信用しますが、私は人を情報だけで判断することは、自分の可能性を潰してしまうことにもなりかねないと思います。

SNSを見ていると、芸能人やスポーツ選手のこうした報道をやたらと信じ、悪口を言ったり嫌がらせをしたりしている人が大勢いますが、そんな人たちは情報とのつき合い方がわかっていないとやりきれない気持ちになります。

何より、情報だけで判断してしまうことのもったいなさを感じます。

相手がどんな人か判断するためには、誰かの情報ではなく、自分の感覚を信じたいものです。**とにかく会ってみる**という行動が必要になります。情報を信じすぎないことが大切なのです。

POINT

→ **実際に会ってみて、自分の感覚を信じる**

NOT TO DO

28

□職場の飲み会は参加しない

すぐやる人にとって、職場の飲み会は参加しないのがデフォルトです。

会社の愚痴や悪口ばかりの飲み会、上司のご機嫌をとる飲み会、誰も興味がないどうでもいい話や自慢話を聞かされる飲み会……。みなさんの身の回りに溢れているのではないでしょうか。

職場の飲み会に参加すると、せっかくのプライベートの時間が奪われてしまいます。

私の場合、愚痴や自慢話ばかりする人が集まる飲み会はまず行きません。誰が来るのかもわからないようなパーティも基本的に行きません。**「つまらないなあ」と感じながら、なんとなく楽しんでいるフリをしてやり過ごしても、ストレスがたまってしまうだけ**だからです。

飲み会以前に、愚痴や悪口が多い人とつき合うのはやめたほうがいいでしょう。一緒にいても何も得るものがないので、まさに時間の無駄遣いになってしまいます。

とはいえ、自分が話してみたい人のいる飲み会には、あらかじめ「後ろに仕事が入っているので中座させていただきます」と伝えたうえで参加することがあります。最初から中座することを伝えたうえで途中で帰ることはそれほどむずかしいことではないと思います。むしろ「あ、そろそろ時間だよね。大丈夫？」と配慮してもらえることがあります。

飲み会に参加してから途中で「面白くないな、帰りたいな」と思っても、それはなかなかむずかしいでしょう。

「子どもが発熱したみたいで」

「ちょっと体調が悪くなってきました」

このように、わざと急用をつくって抜け出すくらいになってしまいます。だから**途中で抜けないといけない理由をあらかじめ伝えておく**のです。

もちろん、**二次会に参加しないことは大前提**です。

一次会で帰ろうと思っていても、その場のノリに流されてしまって、いつも遅い時間まで居残ってしまう人はなおさら、キリのいいところで帰るのではなく、あらかじめ自分で時間を区切ったほうがいいのです。

職場の飲み会を断ることに不安感や罪悪感を抱く必要はありません。**ふだんからやるべき仕事をきちんとこなし、会社に貢献しているのであれば、堂々としていればいいのです。**

仮に「つき合いが悪い」と言う人がいても気にする必要はありません。

「飲み会に参加するか否か」であなたを評価しようとする人にわざわざ迎合することはありません。

POINT

「つき合いが悪い」と言う人はスルーする

第4章

「習慣」でやらない

「人は繰り返し行うことの集大成である。だから優秀さとは、ただ一度の行為でなく、習慣なのだ」とアリストテレスは説きました。「習慣」とは私たちの人生の土台のようなもので、その力を侮るべきではありません。「すぐやる」力の源泉も習慣にあるのではないでしょうか。ここで一度習慣を見直し、やらないことを決めて実行しましょう。

NOT
TO DO

29

□絶対に夜更かししない

すぐやる人は、体が資本であることをよく理解しています。

体調が悪かったり、頭がうまく働かなかったりするとやる気が減退します。

だから夜更かししないで、規則正しい睡眠をとることにこだわりを見せます。

すぐやるために、脳のコンディションを整える必要があります。

きちんと睡眠をとらないと体が重くなるし、先延ばしの原因になります。

第2章でも書いたように、朝起きてからの2~3時間後は脳のゴールデンタイム。脳は寝ている間に整理整頓され、起きたときには整備されたグラウンドのようにきれいな状態です。

しかし、夜更かししてしまうと、きれいな状態の脳で朝を迎えることができなくなります。

すぐやる人は「自分をコントロールできている」という感覚を大切にします。不規則な生活リズムでは、その感覚を維持することができません。

頭がうまく働かないときに「やらなきゃいけない」と自分を追い込むのはストレスになります。

その結果、**自己効力感が下がって、やる気はガクンと落ちます。**

自己効力感とは簡単にいうと、「できるんじゃないか」と思う感覚です。つまり、自分の状況や感情をコントロールできているときに感じるもので、これが下がるとやる気も落ちてしまうのです。

また、人は自分をコントロールできているという感覚を失うと、自信を失ってしまいます。**自信を失うということは「消極的になる」ということ**です。

かつては何をやってもダメ、規則正しい生活からはほど遠い毎日を送り、小学校からずっと自分に自信が持てずに消極的だった私も、高校3年生のときに一念発起して受験勉強を始めるために、夜は0時に就寝、朝は6時に起床すると決めました。

自分が決めた時間に寝たり起きたりすることで、「何をやってもうまくいかない」という気持ちから「やればできる」という気持ちに切り替わり、それが積極的に勉強する態度につながりました。

イギリスの小説家アーノルド・ベネットのこんな言葉もあります。

朝、目覚める。すると、不思議なことに、あなたの財布にはまっさらな24時間がぎっしりと詰まっているのだ。

夜更かしすると睡眠の効果は半分くらいになってしまうのではないでしょうか。

朝の電車で寝ている人は、睡眠が十分とれず、脳が疲れたままの状態にあります。それでは自分の脳が持つ可能性を活かすことはできません。

夜に睡眠を十分とることは、翌日の朝をデザインする第一歩です。気持ちのいい朝を迎えられると、その日を高いモチベーションで過ごすことができます。

逆に眠くて仕方がない、やる気が出ないとなると、朝からエンジンがかからず、気分も上がりづらいでしょう。

脳のコンディションを整え、自分のポテンシャルを活かすためにも、夜更かししないようにしましょう。

POINT

規則正しい生活を送ると自己効力感が高まる

NOT TO DO

30

□夜寝る前にお酒を飲まない

すぐやる人は、睡眠をとても大切にしています。なぜなら、**質のいい睡眠がとれた翌朝は心身ともにエネルギーが強まる**からです。

一方で睡眠の質が悪いと、朝から体が重いし、頭もぼーっとするし、やる気も出ないということになってしまいます。

質のいい睡眠をとるポイントはいくつかあります。睡眠は生理現象ですから、まず、生理的な反応をコントロールする必要があります。

なかでも、アルコールの摂取については要注意です。

就寝直前はお酒を飲まないようにしましょう。アルコールによって心拍数が上がって呼吸が荒くなります。

また、夜中にトイレに行きたくなったり、脱水症状を招いたりします。ただでさえ睡眠中は水分が抜けてしまうので、寝る前は水分補給が必要なのですが、お酒は体内の水分を奪ってしまいます。風邪をひくなど、体調を崩す原因にもなります。

寝る前の飲酒によって睡眠が浅くなり、たくさん寝たはずなのに体が重い、となってしまいます。体がしっかり休めていない証拠です。

少なくとも**睡眠の2時間前から飲酒はしない**ことです。

夜23時に就寝する人は、21時以降は飲酒しないというルールが必要です。

食事もそうです。就寝直前に食事をとると、おなかの中では消化活動が活発に行われるので、脳も体も休めなくなります。その結果、いくら寝ても疲れがとれない、回復しないという状況を招きます。

だから私は、どんなに忙しくても、**食事は20時までに済ませます。**その後に小腹が空いてしまったら、おなかにやさしい野菜をとるようにしています。

だんだん慣れてくると、軽い食事でもおなかが空かなくなります。飲み会の後や夜食にラーメンなんてもってのほかです（ストレス発散など、心の健康のために、たまにはいいとは思いますが）。

忙しくて食事をとる時間が遅くなりがちな人は多いと思いますが、ぜひ食事をとる時間帯に注意してみてください。

三食きちんと食べなければならないわけではありませんし、三食のなかでディナーを重要視しなくてもいいのではないでしょうか。体への負担を考えれば、朝食やランチはそれ以降も活動する時間があり、負担は少ないですが、ディナーは負担が大きくなりがちだからです。

夕方以降は夜にぐっすり眠るために、脳の覚醒《かくせい》を促すカフェインの摂取量を抑えることも大切です。

朝にすっきり目覚めるためには、体に負担をかけることはしないようにしたいものです。まずはついつい手を伸ばしてしまうお酒から気をつけましょう。

POINT

→ **ぐっすり眠るために体に負担をかけない**

NOT TO DO

31

□昼食にラーメンを食べない

私はラーメンが大好きです。京都は関西屈指のラーメン激戦区でもあるので、あちこち食べ歩くこともあります。

それでも、昼食にラーメンを食べることはありません。「お昼時はラーメン屋が混むから」という理由ではありません。

昼食後、仕事をしようとしても、頭がぼーっとしてなかなか集中できないことがあるでしょう。それどころか眠気とのバトルが始まってしまいます。会議も座っているだけで精いっぱい、という経験をした人は少なくないと思います。

午後の仕事に向けてエネルギーチャージしたつもりなのに、逆効果を招いています。

ではなぜ眠くなるのでしょうか。その原因は「糖質」です。

糖質は脳や体を動かす大切なエネルギー源ですが、「摂り方」が重要です。

食事で糖質をたっぷり摂ると血糖値が上昇します。とくに朝ごはんを食べていないときは血糖値が急上昇します。

お米やパン、麺類は糖質の塊です。そのため、食後に血糖値が上がります。

血糖値が上がれば一時的にエネルギーを補充したような気分になるのですが、体内では膵臓《すいぞう》から「インスリン」（血糖値を下げる働きのあるホルモン）が大量に分泌され、これによって血糖値が急激に下がります。

血糖値を上げようとしてかえって低血糖状態になってしまうのです。これによって眠気に襲われ、自分を思うようにコントロールできない感覚に陥ります。

だからすぐやる人は昼食にラーメンを食べないのです。もちろん、**お米やパンも控えます。**

いまの時代、ラーメンやうどん、カレー、牛丼などはコンビニでいつでも買えますから、ついつい選んでしまいます。ただそれに流されてしまうと、食べた後に頭がぼーっとして、仕事が進まないという最悪の事態が待っています。

私はふだん定食の店でランチをとるときは、お店の人にあらかじめ「ライスは少なめでお願いします」と伝えます。目の前に出されてからご飯を残すのは良くないですし、罪悪感から完食してしまうかもしれないので、はじめから「ない」ほうがいいのです。

糖質は眠気を誘発します。人間の生理現象なので、逆らうことができません。自分の状況や感情をコントロールするのが、すぐやる人の流儀です。車を運転する前にも、糖質の摂りすぎは注意しましょう。

POINT

午後の仕事のために糖質は控える

NOT TO DO

32 □年末に大掃除しない

私は定期的に捨てるものを見つけてバッサリ処分するようにしています。そうすることで、掃除や片づけにかける時間を減らすことができるからです。

掃除や片づけは大事だけれど、しなくていいに越したことはないと思いませんか。

「いつか必要になるかもしれない」と思って物を取っておく癖があると、どんどん物が増えてしまって、結果として必要なものを探すときに時間がかかってしまいます。

一方で物が少ないと、それだけ探すことにかける時間や労力も少なくなって、ラクになるし、行動のスピードも上がります。

何を所有しているかではなく、何を楽しむかによって私たちの豊かさが決まる。

こう言ったのは、古代ギリシアの哲学者エピクロスです。

たとえば、「着たいから着る」ではなく「持っているから着る」となっている服はないでしょうか。

「本当に必要だから」ではなく「そこにあるから」とりあえず使う、となっていないでしょうか。

本も、いつか読むかもしれないから積んでおく……。

私自身もかつては物が捨てられず、「いつか使うかも」と取ってあるものがたくさんありました。

過去の思い出があるものはなるべく取っておきたい。そう思って捨てきれないものが増えていくと、片づけにも時間がかかります。

年末の大掃除はとくに大嫌いで、とても時間がかかりました。

なぜそうなるのかを考えたときに、物が多いからだと気づきました。

そして、**「掃除や片づけを最初からしなくてもいい状態をつくればいい」**と考えるようになったのです。

ケンブリッジ大学院時代に使った教科書や資料集などは取っておきたいと思うものの、実際に見返すことはほとんどありません。

あるだけで安心していたというか、「あ、これ、過去にしがみついているんじゃないか」と思うようになってから、バッサリ捨てました。

なかったらなかったで、仮に必要な場面になっても、**ないからあきらめるしかありません。**

どこかにあるとわかっているから探さないといけません。それが時間とエネルギーを奪います。


私が物を捨てる基準は次の二つです。

まず、自分の過去や感情に紐づいているものの場合、仮に**火事で家が全焼してしまったときにどう感じるか。そうなったら仕方がないと思えるもの**は捨てます。これは友人にもらったプレゼントなども含まれます。

次に、**それ以外の物は、いまお金を出してでももう一度買いたいかどうか。**服やカバン、雑貨などはこれで判断します。もう一度買い直したいと思うほど必要なもの以外は、なくても困らないものなのでバッサリ捨てます。

もしそれを持っていなかったらと仮定して、お金を出してでももう一度買い直したいと思うものだけを残せばいいのです。逆にお金を出して手に入れるかどうか悩むものは、それほど重要ではないものです。

物が少なく身の回りがシンプルだと頭の中もシンプルになっていきます。思考の整理をするためにも、物を整理することが効果的なのです。

POINT

定期的に物を捨てると頭が整理される

NOT TO DO

33

□毎日同じカバンを持たない

すぐやる人は、毎日同じカバンを持ちません。

なぜでしょうか？

それは、毎日カバンを替えることで、**持ち物を最小限にすることができる**からです。

私の場合、帰宅したらその日のカバンの中身をすべて出します。いったん空っぽにしてから、明日の仕事に必要な物を選びます。そうすることで、不要な物はバッサリ処分することができます。

カバンの中を整理しないまま使い続けると、いつの間にか物がたまっていきます。使い終わった書類や数日前の新聞、コンビニのレジ袋までもがカバンの奥底に埋もれているかもしれません。

そうなると、必要な物がさっと取り出せません。「あれでもない、これでもない……あ、こんなところにあったっけ?」となって、すぐに行動できる状態ではなくなってしまいます。

使う物が整理されていないと、頭の中も整理されていない状態になります。

どこに何があるのかを把握できていない状態では、物が見つからないストレスに直面します。

すぐやる人は〝ミニマリスト〟です。

ミニマリストとは、必要最小限の持ち物で無駄なくスッキリと生活をしている人ですが、そういう人は本当に必要な物しかカバンの中に入れません。

たとえば、**明日いるのかいらないのかはっきりしない書類は、スマホで写真を撮って持っていれば、いざ必要となっても何とかなります。**

カバンに必要な物だけ入れようとすると、明日やることを俯瞰することになるので、明日の仕事の予習にもなります。

一日をざっとイメージすれば、どの場面で何を使うか、そして何が不要かはだいたいわかるでしょう。

朝バタバタしていつもと同じカバンで家を出てしまってから、必要な物を忘れたことに気づくのでは、遅すぎるのです。

一度実践すれば気づくと思いますが、**本当にカバンに入れておくべき物は、意外と少ない**ものです。

私の場合は、MacBook Air、財布、鍵、本、ノートと筆箱くらい。それらに加えて、その日に必要な書類を原本で入れるだけなので、カバンはかなりコンパクトです。

荷物が少ないので、物を探す時間は減ります。

物を探すことは、時間を奪っていくだけでなく、やる気やエネルギーも奪っていくのです。

ややオーバーにいえば、物を持つことは、時間とエネルギーを奪っていくということです。

そこで、毎日カバンを替えることを習慣にすると、おのずと物の管理がラクになります。

私はふだんカバンを3個持っていて、日替わりでカバンを替えながら常に中身を整理しています。

あなたはどんな頻度でカバンの中を整理しているでしょうか。

毎日同じカバンを使っていたら、危険信号です。

POINT

帰宅したらカバンの中を空っぽにする

NOT TO DO

34

□スマホの「通知」をオンにしない

スマホは便利です。仕事のメールからLINE、SNSまで簡単にチェックできますし、最強の暇つぶしのお供になってくれます。

しかし、それと同時に**大きな時間泥棒**にもなってしまいかねません。

「さあ、ようやく集中して仕事に取り組めるようになってきたな」と感じたタイミングで、スマホのアプリから通知が届き、〝新着メッセージがあります〟〝○○さんがコメントしました〟などと知らせてくれます。

そうなると気になって、ついついスマホをチェックしてしまいがちです。仕事と関係ないSNSを見てしまったら最後、誰かの楽しそうな投稿にコメントしてしまうかもしれません。

ニュースアプリからの速報や、おすすめの最新ニュースも同じでしょう。一度アプリを開けば情報は盛りだくさん、エンドレスですから、見始めたらキリがありません。

気づいた頃には結構な時間が経っていて、仕事はちっとも進んでいません。「またやってしまった……」となります。

スマホは便利だけれど〝諸刃《もろは》の剣〟。その利便性によって、目の前の大事なことが邪魔されることがよくあります。

だからすぐやる人は、スマホとのつき合い方を考えているし、その対策の一つとしてスマホの「通知」をオンにしないのです。

私の場合、ＬＩＮＥは仕事の連絡手段として活用しているので、通知を完全にオフにすることはできません。だから知る必要のある人だけ通知をオンにしていて、それ以外はオフです。もちろん、**よくわからないＬＩＮＥグループは常時オフ**です。

仕事で集中している状態を邪魔されるのは深刻な問題です。集中力がいったん途切れてから再び脳が集中した状態に戻るまで15分以上かかるといわれています。

そのため、文章を書いたり、企画書やプレゼン資料をつくったりするときは電話の着信音すら鳴らないように設定して、スマホは目の届かない場所に遠ざけています。電話の着信があったら「あれ、いったい誰からだろう？」と気になって、集中できなくなるからです。気になったらそれを解消するまでは引きずってしまいます。

すぐやる人は、自分の時間に対する考え方がシビアですし、常に主導権を握ろうとします。スマホのアプリの通知に振り回されていては、本来やるべきこと、やりたいことは何もできなくなってしまいます。

スマホに振り回される側になるのか、スマホをうまく使いこなす側になるのか。

この選択は、いまの時代において、すぐやる人とやれない人の差を生み出す大きな分かれ目になるのではないでしょうか。

POINT

↓

スマホに振り回されない

NOT TO DO

35

□エレベーターの「閉」ボタンを押さない

先日、仕事でフランスに行く機会がありました。パリのホテルで驚いたのはエレベーターに「閉」ボタンがないことでした。

ちょうど私しかエレベーターに乗っていなかったので、さっさとドアを閉めてホテルの部屋に向かおうと思い、「閉」ボタンに手を伸ばそうとしたら、そこには「開」ボタンしかなかったのです。

その瞬間、私は「ああ、何を生き急いでいるんだ。自分はせっかちだな」と感じ、恥ずかしい気持ちになりました。

日本では仕事で時間に追われている人も多いですから、オフィスビルでエレベーターに「閉」ボタンがないと自分も周りもイライラするでしょうが、2、3秒早く閉められるかどうかでカリカリしている様子は、余裕がないように見えるかもしれません。

すぐやることは大事なのですが、それは**せっかちであることとは別もの**です。むしろ、急ぐ必要のない時間や休日はゆったりとおおらかに生きる。そうすることが、すぐやるために必要なパワーを蓄えることにつながります。

すぐやるというのは手段にすぎなくて、それが目的になってしまっては意味がありません。やりたいこと・やるべきこと・できることを着実に進めていくために、すぐやることが必要なのです。

理想は、やるべきことをやってしまって、それ以外の時間は人生が充実することにあてることです。

そのための一つが、急ぐときと急がないときを分けることなのではないでしょうか。

みなさんは、たまにはゆったりとした時間を楽しむことができているでしょうか。そういう時間を持てず、いつも何かに追われているような感覚があると、ふとしたときに心のブレーカーが落ちてしまうかもしれません。

ずっと息継ぎをせずに泳ぎ続けているような感じです。ガソリン不足にもなり、「ここぞ」というときに必要なパワーを発揮できないことにもなりかねません。

欧米ではエレベーターに「閉」ボタンがあっても、ほとんどの人が押しません。「閉」ボタンがないエレベーターもたくさんありますが、「閉」ボタンが偽ボタンであることもあるようです。押しても早く閉まらないのだとか。

エレベーターの「閉」ボタンに手が伸びそうになったら、少し立ち止まってみましょう。**生き急がない時間が、心に活力を、人生に豊かさを与えてくれる**のではないでしょうか。

POINT

ゆったりとした時間も大切にする

第5章

「自己啓発」でやらない

自分を高めること、自分の持つ可能性を引き出すことは「すぐやる」力を高めるうえでも不可欠なものといえます。だからといって、やみくもに勉強したり、読書したりするだけではうまくいきません。いくら知識を増やしても活かされないのであれば意味がないのです。やらないことを見極めて、個の力を高めませんか。

NOT TO DO

36

□勉強ばかりしない

「日本人は、Study は得意だけど Learn は苦手だよね」

外国人の友だちからよく言われます。

むやみに知識を詰め込んだところで、それを使えないのであれば意味がありません。たしかにそうだなと感じます。

みなさんも経験してきたように、「Study」は、机に座り、本を開いて、内容を覚えたり学んだりすることです。知識をインプットばかりしている感じです。

一方の「Learn」は、**インプットしたことをアウトプットすることで、知識をスキルに変えることです。つまり、学んだことを実践するところに重点が置かれています。**

たとえば、TOEICでハイスコアを持っていても、ビジネスの現場ではまったく通用しない人がいっぱいいます。

「英語の知識が豊富な人は増えているけれど、ビジネスのことを知らないから、現場で通用する力がない人は多い」

実際に通訳養成スクールで働く方がそう話していました。

たしかにビジネス通訳者になろうと思うと英語の知識はもちろんのこと、ビジネスについて理解していないとむずかしい。でも多くの人は、机に向かって英語力を高めることばかり考えてしまいます。そうなると、ビジネスに必要な実践的なスキルを身につける体験が乏しくなります。

英語の話ばかりで恐縮ですが、私も大学で講義をするときに、同じような課題を感じます。

英語の知識が豊富な学生は増えていますが、私が「プレゼンをしてみよう、ディスカッションをしてみよう」と言った途端に、学生は身動きがとれなくなります。知識がスキルになっていないのです。

たとえると、道具箱にたくさんの道具は入っているけれど、それらの使い方を知らないのと同じです。

どう使っていいかわからなかったら持っている意味がありません。

私が海外で働く日本人と交流したときに感じるのは、彼らの英語力は100点満点中の80点くらい、ということです。けれども、ビジネスの現場では自然にコミュニケーションがとれています。彼らは英語を100点満点にすることより、ビジネスに必要なスキルがもっとあることを知っているので、80点くらいでいいと思っているのです。

これは仕事でも同じではないでしょうか。


いまや本だけでなくYouTubeなどのネット動画を駆使すれば、多くのことを学べる時代です。

もちろんそれも便利なのですが、**インプットばかりでは現場で使えるスキルは身につきません。**

学んだことはすぐに実践してみる。そして、うまくいったことやうまくいかないことを検証し、どうすればもっと良くなるかを考えていくことで、学びが成果につながっていきます。

本当に必要なのは現場で使えるスキルです。それは現場で試行錯誤を繰り返すなかで身についていくもの。ずっと座って本とにらめっこしていても得られないものなのです。

だからすぐやる人は、インプットはほどほどにしてアウトプットを重視します。知識を実践し、ブラッシュアップして、使えるスキルに変えているのです。

POINT

インプットよりアウトプットを重視する

NOT TO DO
37
□ネットで情報を集めない

いまはスマホを触るだけで、世界中のあらゆる情報にアクセスすることができます。スマホだけでもニュースアプリなどから大量の情報をインプットできる時代になりました。

しかし誰でも簡単に、しかも無料で手に入るということは情報の価値が低いのです。

本や新聞もそうですが、表に出ている情報は〝氷山の一角〟にすぎません。**価値を生むのは簡単には手に入らない情報**です。

だからすぐやる人は、**情報をネットからもインプットしますが、自分の足で収集する**ことを大切にしています。

世の中に出回る情報はあくまでも誰かのフィルターを通ったものです。すぐやる人は情報に何かしらの偏《かたよ》りがあると疑っているからこそ、その情報を参考程度にして、実際はどうなのかを自分の目で確かめるべく、現場に足を運びます。

先日、私は出張で韓国に行ってきました。ちょうど日韓関係が冷え込んでいる、両国間でいざこざが増えていて韓国は危険だという報道が絶えなかった時期でした。しかしソウルに行ってみると、決してそんな空気感ではありませんでした。

コンビニの店員のおばちゃんは、私が韓国語を理解できない日本人と知りながら笑顔で話しかけてくれたり、通りすがりのおじさんが道に迷っている私に身振り手振りで行き方を教えてくれたりしました。

ビジネスの現場でいつも感じることがあります。それは、**業界のトップが集まる飲み会や打ち合わせなどで出てくる話題というのはネットはもちろんのこと、本にも新聞にも書いていないことばかり**だということです。現場からのリアルな声を聞くことは、ネットだけでの情報収集より何倍も濃いものでしょう。

自分の見ている世界は氷山の一角にすぎないのです。「ここだけの話」はあちこちにあります。自分の業界以外の人とのコミュニケーションから得られる情報にはビジネスのヒントが詰まっています。水面下の企業の動きを把握するためにも、異業種の人と交流は持たなければなりません。

ネットにおいて、**ニュースサイトやまとめサイトなどでは、あなたに合うように最適化した情報を優先的に表示する**ようになっています。それはあまりにも偏りがあるので、俯瞰して物事を見るのをむずかしくしていることは、頭の片隅に入れておきましょう。

ネットで情報を収集するのも大事ですが、その情報が正しいかどうかは実際のところわかりません。日頃から社内だけでなく社外にも目を向け、実際に出かけてみる。そして自分で見て、聞いて、嗅《か》いで、触れて、味わって、五感で感じて情報を収集するのが、すぐやる人なのです。

情報が溢れる社会だからこそ、自分の目で見ることの必要性が高まっています。ネットだけの情報で満足しないようにしましょう。

POINT

自分の五感を使って確かめる

NOT TO DO

38

□本を最後まで読み切らない

すぐやる人は本、主にビジネス書を最後まで読み切りません。なぜなら、たった1文のために本を読むという特徴があるからです。

読書の目的は満足感や達成感を得ることではありません。**読書から新しい行動を起こすためのヒントを得ようとします。**

読み切るための読書ではなく、**飛ばし読みしながらでも自分が探していた問いへの答えを見つけるための読書なので、読むのも速い**のです。

あなたはなぜ、いま読んでいる本を手に取ったのでしょうか。書店で星の数ほどある本の中から1冊を選んだとしましょう。あなたがその1冊を選んだことには必ず理由があるはずです。

「お客さんとの話が続かない」

「部下が思うように動いてくれない」

「がんばって記憶してもすぐに忘れてしまう」

このような問いへの答えを見つけたいと思ったからではないでしょうか。

ただ読み進めていくと、いつしか読み切ることが目的になりがちです。1冊を読み切ったことに満足感や達成感を覚えて安心してしまい、自分が探していた問いへの答えを見つけるという本来の目的を果たすことができません。

本を読んで知識を詰め込んでも、行動しなければ意味がありません。行動しないと何も成果を生まないことを、すぐやる人は心得ているのです。


具体的にいうと、**「そうだよね、やっぱりそうだよね」と感じる既知の事柄は、あらためて読む必要はありません。**

それを読んで自分の知識を確かめたところでどうなるものでもありません。自分の考えの範囲の中にあるものは、そもそも学びにはなっていないからです。

「あ、これは自分になかったものだな」「これはまだやったことがないな」と思えるものに出合うことに意義があるのです。

読書を通して新しい価値観を見つける。そして、すぐ行動に移すためにどんなアクションをとればいいか考える。この軸からブレないために、本を最後まで読み切る必要がないということです。

たった1文、もしかするとたったのひと言との出合いが、あなたの人生を変えてしまうかもしれません。

とくにビジネス書は1冊1500円程度です。高くても2000円くらいでしょう。1500円であなたの人生が変わるならば、かなりお得だと思いませんか。

ビジネス書を読む醍醐味は、すぐにでも目の前の現状を変えられるかもしれないということ。「読み切らないといけない」という意識を捨ててみましょう。

POINT
読み切るより行動に移す

NOT TO DO

39

□あえて電子書籍は読まない

私は基本的に読みたい本は電子書籍で読みません。仕事柄、資料的に読む本に関して電子書籍を活用することもありますが、それは**本の一部だけをピンポイントで読みたいときに限ります。**

私が読みたい本というのは、本全体が気になる本です。「自分が成長できるんじゃないか」「新しいヒントが得られるんじゃないか」と思える本です。

そして読むときは、必ずペンを片手に読みます。読んでいて、自分の心が動いたら手を動かして本を汚していきます。

「お、これはいいアイデアだな。試してみよう」

「この考え方は自分になかったな」

そう思った瞬間に、自分の頭の中に降ってきた考えや思いをどんどん本に書き込んでいきます。

本はジーンズと同じだと私は考えています。読みこなしてどんどん汚してジーンズのように味を出せばいいと思っています。ジーンズの魅力、それは色落ち。穿《は》けば穿くほど味が出る、体になじむ。穿き込むことで、自分だけのオリジナルなエイジングを楽しめる点が最大の魅力です。

繰り返しますが、本を読んで満足して終わりという流れになってしまっては、読書の効果は得られません。読書から学んだことを行動に移してみて初めて、本との出合いは価値を持つのです。

だから気づきが得られた瞬間に、すぐに書き込みます。読み切ることより、一つのアイデアを一つの新しい行動につなげたいからです。

自分だったらどうするかをシミュレーションしながら読むので、頭の中にだけとどめておくことはできません。書かないと整理できないからです。

手には神経がたくさんあります。手を動かすことで、脳細胞に刺激を与えることができて、脳の活性化へとつながります。

２０１４年、プリンストン大学のパム・ミュラーとＵＣＬＡのダニエル・オッペンハイマーが実験した結果から、**パソコンに記録していた学生よりもノートに手書きで書き込んでいた学生のほうが、圧倒的に高いパフォーマンスを見せる**ということがわかっています。

学生に心理学の試験を行うと、記憶、理解、情報の活用の３点について、手書きでノートをとった学生のほうがスコアは圧倒的に良かったのです。

タイピングに比べると手書きは時間がかかるため、教授の話のすべてを書き取ることはむずかしい。それゆえ、注意深く聞いて、消化し、レクチャー中に話の要点をまとめることに集中力を使うのでしょう。

聞きながら考え、学ぶ脳のスイッチがオンになります。

本はもちろん情報伝達手段ではあると思うのですが、私はそれだけではもったいないと思います。

一つの娯楽であり、一冊の本の重さ、紙やカバーの手触り、紙の匂いが与えてくれる五感を使っての学びです。これらは電子書籍では得られない喜びでしょう。

本は物理的に重いからこそ、**カバンに入っているだけでも「持ってきたんだから、がんばって読もう」という意識になりやすい**傾向があります。

しかし、電子書籍は重さがないですから、「読もうと思っていたのに、他のアプリに気を取られて存在すら忘れてしまった」ということになりかねません。

POINT

電子書籍は自由に書き込めない

NOT TO DO

40

□当たり前のように黒のペンを使わない

すぐやる人は、当たり前のように黒のペンを使いません。

私の場合、**メモをとるときや何かを考えるときは青のペン**を使っています。

青は集中力を高める色なので、情報をまとめたり、暗記したりするときには有効です。脳を落ち着かせる効果があり、メモにとったことも脳内で整理しやすくなるので、記憶も定着しやすくなります。また、単純作業を行うときに集中力を保ちやすくなります。

生理学的にも青には副交感神経を活発にする力があり、その結果、血圧が下がり脈拍が落ち着くといった効果があるそうで、脳内がリラックスした状態になります。

一方で、**強調したい箇所は赤のペン**を使います。

赤は活力や情熱をイメージする色で、行動力をかき立てる効果があります。バーゲンセールのポスターやPOPなどのキャッチコピーに赤が多く使われるのは、赤を入れることで売上が20％前後も違うからだとマーケティングの世界ではいわれているほどです。商品の購買行動を促すことができるわけです。

イギリスのダラム大学のラッセル・ヒル教授とロバート・バートン教授の研究によると、着る服の色がアスリートのパフォーマンスに影響を与えることがわかっています。

ボクシングやテコンドーなどのスポーツ競技を研究した結果、赤のユニフォームを着たときのほうが他の色のユニフォームを着たときよりも良いパフォーマンスを発揮することが明らかになりました。つまり、赤い色がアスリートに活力を与えるということなのです。

ただし、メモをとるときに赤のペンを基準にしてしまうと、目がチカチカしてストレスになってしまうので、あくまでも**アクセントとして使う程度にとどめておく**のがいいでしょう。

赤があまりにも多すぎるとやる気の減退につながり、逆効果になってしまいます。

私は本を読むときに必ずペンを片手に読みますが、持つのは黒のペンではありません。青のペンで気づいたことや考えたことをどんどん本に書き込んでいます。とくに「これは試してみよう」と感じたことは赤のペンで書き込むようにしています。

そうすることで、**あとでパラパラと本のページをめくるだけでも、すぐに目に飛び込んできてリマインドがしやすい**のです。黒だとなかなか目立ちません。

行動力を高めたいときは赤、思考の整理をしながらメモをとったり情報をまとめたりするときは青と使い分けることで、読書の効果を高めることができます。

行動力の赤、集中力の青。このように色は視覚を通して私たちにさまざまな影響を与えます。うまく取り入れましょう。

POINT →

「行動力の赤、集中力の青」とペンを使い分ける

第6章

「人生」でやらない

最後の章では「人生」という大きなテーマでやらないことを整理します。時代の変化のスピードが速く、これから私たちが何と向き合って生きていくのかが問われる中で、どんなときも軸となる原理原則を紹介します。いまを生きることを積み重ねた先に、より豊かな人生が待っているのではないでしょうか。

NOT TO DO

41 □初心を貫かない

チャールズ・ダーウィンはこう言ったそうです。

最も強い者が生き残るのではなく、最も賢い者が生き延びるのでもない。唯一生き残ることができるのは、変化できる者である。

これにはさまざまな意見があるようですが、「変化できる者が生き残る」というのは、ダーウィンの進化論のコアコンセプトであることは間違いなさそうです。

ブレない生き方はかっこいいように思いますが、いいことばかりではありません。世の中は常に変化しています。とくに現代はさまざまな価値観が揺れ動いているので、「自分の軸」に固執することによるリスクもあるのです。

これだけ時代の変化のスピードが速いのですから、一つの考えに固執していたら、世の中の前提条件が変わっているのにそれに気づくことなく、不毛な努力をすることになるかもしれません。

だからすぐやる人は、変化を常に捉えながら、必要に応じて行動指針を変化させています。

初心を無理に貫く必要はない。**違和感を感じたら、そこでシフトチェンジ、軌道修正する。**それでいいと思っています。

かつてはいかに性能の良い携帯電話をつくるのかを各社が競っていました。いまでいう「ガラケー」です。iPhoneの登場とともに時代はスマホに変わりました。この時代にいまもなお、ガラケーの性能をいかに良くするかにチャレンジしても、市場は反応しないですよね。

パソコンが登場し始めた頃、タッチタイピングができるだけで「すごい!」という時代でした。いまはどうでしょう。タッチタイピングができることを自慢しても、誰も評価してくれないでしょう。パソコンを扱えるくらいで評価される時代でもなくなりました。

「石の上にも三年」と言っている間に、自分も一緒に化石になってしまいそうならば、いまいる場所を出たほうがいいのです。

「せっかくここまでがんばってきたのだから」

そういう思いをいかに捨てられるかもカギとなるでしょう。

あきらめることでそこまでに費やした努力や時間、お金などが無駄になってしまうのは「もったいない」という意識が働くのが人間です。

しかしそれに影響されて、いまの自分にしがみついてしまったら、ずるずる損を大きくしてしまうかもしれません。時代に取り残されてしまうかもしれません。

植物と同じで、枯れたものにしがみつくよりもスパッと切り取ってしまったほうが、そこから新しい芽が生まれてきます。

「ここまでがんばったけど仕方がない。これ以上、時間やエネルギーを費やすより他に使おう」

すぐやる人は **〝損切り〟がうまい**と思います。

「柔よく剛を制す」といわれているように柔軟性が重要なのですが、どうしても現実を受け入れたくなくて、「もうちょっとだけ」の連続で頑固になってしまうのをやめましょう。

人生100年時代となり、時代が急速に変化する今日の環境を考えると、自分の軸は臨機応変に変えていくほうがよほど強い生き方です。価値観が多様化していますから、さまざまな人と接する中で、自分自身の価値観が変わることもあるでしょう。それでいいのではないでしょうか。

状況を読みながら何がベストな行動かを考えるのが、すぐやる人。初心に固執しないことが大切なのです。

POINT

→

時には損切りも必要

NOT TO DO

42

□自分らしさにこだわらない

「やったことがない」ことは、それにおいて成功していないのですから、先に成功した人に学ぶのが一番早いでしょう。

すぐやる人は詳しい人に助言を仰ぎつつ、まずは忠実にやってみる。それで、うまくいくかどうかを判断し、検証して、改善につなげていきます。

だから自分らしさにこだわらないのです。

どんなに優れたスポーツ選手でも、どんなに偉大なアーティストでも、最初は先人の模《も》倣《ほう》から始まります。複数の人を模倣し、やがて自分流を築いていくのです。いまの時代、完全なオリジナルなどないのですから。

いまでこそ宮崎駿監督はジブリ作品でクリエイティビティに溢れたイメージがありますが、実は故・高畑勲監督の下について、考え方や立ち居振る舞い、話し方、そして字の書き方までを徹底的に真似していた時代があったのです。その経験を通して、表現者としての基礎を築いていったそうです。

そもそも「学ぶ」という言葉は、昔は「まねぶ」と言われ、その語源は「真似《まね》ぶ」から来ているそうです。

自分らしさを築くためには〝一定の型〟が必要なのです。

第2章で元サッカー日本代表監督の岡田武史さんの話を紹介しましたが、こんなこともおっしゃっています。

「日本サッカーは確実に進歩してきた。ただ、一つだけ超えていない壁がある。主体性のある、自立した選手が少ない。いい状態のときはすごくいい。しかし、一つ歯車が狂うとリカバーできない。若い年代から自由を与え、自分で考える力を身につけさせなければならない」

自主的に考えて行動する。サッカーの技術ではなく、自主性の欠如、そしてその大切さを説かれたのです。続けてこうおっしゃいました。

「ただ、原理原則を教えたうえで自由を与える。型を教えることで判断の基準をつくる。そしてそれをどんどん破っていく自由を与える」

いきなり自由を与えても、基準がないから何をどうしていいのかわからない。

いま、企業に研修で伺うと、上司の方々が口を揃えて「いまの若い子たちは言ったことしかやらない。『自分で考えろ』と言っても、大して何もやれない」と話されます。

たしかにそうなんだろうと思うのですが、私が感じるのは、教育課程で**知識の詰め込みばかりをやってきてそれで評価されてきたのだから、考え方を学んでいないに等しい**ということです。

ですから社会に出て、いきなり「考えろ」と言われても、**考え方がわからない、考えるとは何かすらわからない。それが現状**のように感じています。

経験がないものをゼロからやれと言われても、それはなかなかうまくはいかない。だから自分らしさを求めるのではなく、まずは型を覚える必要があるのではないでしょうか。

すぐやる人は自分らしさにこだわりません。新しいことにチャレンジをするときは、まずはうまくいっている人たちにアドバイスをもらいながらやってみます。それでうまくいく経験を積みながら、そのうえで型を破って、型から離れてオリジナリティをつくっていきます。

自分らしさより先に、誰かのアイデアを借りて、一歩を踏み出すのがすぐやる人なのです。

POINT

型を覚えてから、自分をつくる

NOT TO DO

43

□同じ土俵で争わない

「人と違ってこそ価値がある」

これが、すぐやる人の考え方です。他の人たちと同じことをやるのは同じ土俵で争うことになるので、そうならないように工夫します。

同じ土俵で争うことは消耗戦になります。そうなると心身ともに疲弊して、どんどんパフォーマンスが落ちていき、**最後は「もうやりたくない」と無気力状態に陥る可能性が高い**のです。

最初に私がビジネスで結果を出したのはケンブリッジ大学院に入学したときでした。

私が入学した2007年当時はイギリスポンド高で、お金がなくて生活が苦しい時期でした。もちろん勉強についていくのに必死でしたから、生活費を稼ぐためにアルバイトで時間を拘束《こうそく》されるのは避けたい。イギリスに来た目的はケンブリッジ大学院で修士号を取ることだからです。

そこで私は、イギリスで見つけた日本でも人気が出そうなアパレル商材を安く買い、日本で高く売るというネット販売を繰り返しました。当時はまだ、海外では流行っているけれど日本には知られていない商品がたくさんあったので、やればやるほど売れたのでした。

しかし、やがて大手が参入。オンラインモールにも出店していましたから、商社が参入してからは価格競争に突入し、一気に〝レッド・オーシャン〟となったのです。

私は不毛な戦いで消耗して、情けない気持ちになりました。同じ商品ならば、少しでも安く手に入れたいのが消費者の心理でしょう。同じ土俵で争うと、資金力で勝ち負けが決まってしまいます。

私の場合はすぐにうまくいってしまったので、「このままでいいや」と**差別化などは一度も考えたことがなかった**のです。

一方で昔からある八百屋さんなど、なかなか潰れない小さなお店があります。スーパーでは広告を出して安売りもあるのに、なぜかしぶとく生き残っています。

なぜかと思って観察すると、**近所の人とのコミュニケーションに秘密がある**ことに気づいたのです。

「同じ野菜や果物を買うならスーパーよりあの八百屋さんで買って、ついでにおばちゃんと話をして帰ろう」

野菜や果物と一緒に、そういう時間を供給して価値を生んでいたのです。だから固定客が離れない、潰れないのです。

私はこのことに気がついてから、自分にしかない価値をつくることを心がけるようにしました。

具体的には、**まず自分が行動すること。そして自分の強みを前面に出すこと**を心がけたのです。

最初は自分をさらけ出すことを恐れていましたが、「自分らしさ」を出すことこそが違いをつくることになります。つまり、**「この人に仕事をお願いしたい」という状態をつくる**のです。

日本にはまだまだ平均主義がはびこっていて、みんながやっていないことをやるのは怖いかもしれません。やりたいけれど誰もやっていないことは「怖い」のです。人と違うからです。

みんなと同じことをやっておけば、みんなもそれなりにやれているのがわかるので、怖さはありません。でもそれに甘んじていると、あなたの代わりは世の中にいっぱいいるということになってしまいます。

人と違うことをするからこそ価値になります。それは替えの利かない価値です。「あなたにお願いしたいんです。あなたでないと困る」となるわけです。

同じ土俵で争うと、心身ともに消耗し、やる気が落ちていくので、そうならないようにすぐやる人は工夫するのです。

POINT

差別化を図り、替えの利かない存在になる

NOT TO DO

44

□自分に枠をはめない

すぐやる人は自分の行動や能力の〝フレームワーク〟を限定することがありません。

以前、グーグルの日本法人の社長を務めていた村上憲郎さんと仕事でご一緒させていただいたときに、グーグルの求める人物像の一つとして「枠組みを自分で決めないこと」を挙げられていました。

まさに、「すぐやる人の条件にも一致する」と思いました。

「自分の専門は◯◯なので」

「私は、◯◯は得意ではないので」

自分の限界を自分でつくっている状態といえばいいでしょうか。

もちろん、自分の強みを持ち、それを活かすことは大事ですが、それに縛られてしまっては新しいチャレンジができません。むしろ、**自分の専門分野と違う領域からのアイデア**

をかけ合わせることで、自分だけのポジションを築くことができるのです。

食べ物の場合も、子どもの頃に嫌いだったピーマンが大人になってふと食べたときに美味しいと感じることがあるように、さまざまな経験を重ねていくうえで、かつては苦手だと思っていたものを好きになることがあります。つまり、苦手だと思っていたことも久しぶりにやってみると意外とすんなりとうまくいったり、ハマってしまったりすることがあり得るわけです。

だから**何でも試してみる。やってみないと本当のところはわからない**のです。

そして、すぐやる人は**一つの問題を複数の視点で捉えるのが上手**です。

日本の教育は一つの学問を深掘りすることばかり注力していて、複数の学問をつなぐ横掘りの仕方を教えてくれません。それでは、自分の知識や経験の井戸は広がりを持つことができません。

要は、**〝専門バカ〟になってはいけない**ということです。

だから私は、自分が興味を持ったものはとにかくやってみます。自分の会社である「ジーエルアカデミア」の運営（グローバルリーダー育成）以外に、第2章でも書きましたが、スタン・リーやトラヴィス・ペインの通訳をやったこともそうですし、いまでも女子サッカーなでしこリーグ・バニーズ京都ＳＣの運営に携わったり、プロサッカー選手に語学トレーニングを提供したりしています。

通訳が専門ではありませんが、世界的スターの通訳を経験したことで、英語以外に求められるスキルを英語学習者にシェアすることができます。英語教育の専門家として英語の研究ばかりしていたら無理だったでしょう。

また、サッカーチームの運営に携わったことで、サッカー関係者との人脈が増えたのですが、そこで見えてきたのは「自信教育」の大切さです。

枠を超えていくと根っこにあるものが見えてきて、面白いものです。**やりたいと思うからやる。自分が何者かはどうでもいい**のではないでしょうか。

POINT

自分がやりたいなら何でもやってみる

NOT TO DO

45 □自分と戦わない

すぐやる人は自分と戦わない工夫をしています。

自分と戦うというのは、「○○したい」と思う気持ちと、「○○してはいけない」という気持ちにどう決着をつけるのかということです。

ダイエット中だけれども帰りにコンビニでスイーツを買いたくなった。

資格に向けて勉強をしているのに、どうしてもテレビが気になって仕方がない。

このように、自分の中で葛藤が生まれますよね。

すぐやる人は自分と戦わないと言いましたが、**自分と戦うことは精神的な消耗につながります。**

2017年にカールトン大学のマリナ・ミリャフスカヤ教授とトロント大学のマイケル・インズリット教授が159人の大学生を対象に行った研究で、**目標達成率は誘惑物との接触回数に反比例する**ことが明らかになりました。

誘惑物との接触回数が少なかった人が最も目標を達成できたのです。目標を達成したかったら、そもそも誘惑物との接触をなるべく減らさないといけないわけです。**誘惑に負けないようにセルフコントロールする（自制心を働かせようとする）こと自体が、モチベーションの低下の原因になる**のです。

たとえば、「ダイエットのためにケーキを食べない」という選択をすることは、「食べたい」という本心を抑えている状態です。このとき、心に残る枯渇感がモチベーションの低下を招き、目標達成への活力を奪ってしまいます。

モチベーションの低下を招かないために、自制心を働かせなくてもいい、つまり自分と戦わなくて済む環境に身を置くことが大切なのです。

同時に、**目標達成を阻害する誘惑物が何かを明確にし、それを避けることで、目標達成率は圧倒的に高まる**のです。

たとえば、資格を取るために仕事をしながら勉強するとしましょう。テキストを買い、早起きの時間を決め、試験日までの学習計画を立てた。ここまでは悪くないです。しかし、誘惑物への対処ができていない状態です。

もし会社の同僚から飲みに誘われたらどうするのか。このときの対応を考えておく必要があります。飲みに行きたい気持ちを我慢して断るのではなく、試験が終わるまでは飲みに行かないことを事前に周知しておけば、「一回くらいいいかな。いやダメだ」と誘惑に勝たなくてもよくなります。

ダイエット中ならば、なるべくコンビニがあるルートを避けて帰宅する。都内にはコンビニは至るところにあるのでむずかしいですが、がんばって工夫してみてください。

どのような目標を立てたとしても、達成を阻む障害物が必ず存在します。

大事なのは、自制心を働かせなくてもいい環境をつくっておくことです。やる気の低下を防ぐためにはこれが必要なのです。

自分と戦わないといけない土俵に上がった時点で、うまくいかない確率が高くなります。だから自分と戦わない工夫をしてみましょう。

POINT

自制心を働かせなくていい環境に身を置く

NOT TO DO

46

□損得勘定で動かない

すぐやれない人の共通点として挙げられる特徴の一つに、損得勘定でしか物事が判断できないということがあります。

一方で、すぐやる人は損得勘定で物事を判断しません。

損得勘定で物事を判断する人は「これをやることによって自分が得する」ということが確認できてからようやく動きます。**損しないことを確認したうえでしか動かない**わけです。

うまくいくことがある程度、確信に変わってからしか行動できないのです。

株にたとえていうと、これから成長するであろう株を成長する前に買うのではなく、値上がりしたことを確認してから買うということです。

投資で成功している人は株が成長する前に買っています。つまり、**「不確実な段階で」**です。

一方で、株で負ける人は成長してから買うから、完全にタイミングを逃しているのです。

仕事でも、最初からうまくいくとわかっているプロジェクトをいくらやっても、それほど価値はありません。うまくいくかどうかわからない瀬戸際にあるプロジェクトだからこそ持てる力を出して試行錯誤を繰り返していくことで、自分が、そしてチームが成長していくのではないでしょうか。

すぐやる人は損得という軸で判断せず、**自分が面白いと思って興味を持ったことはまずトライしてみます。たとえうまくいかなくても学べるものがあると知っているし、これから先プラスになる経験ができると信じている**わけです。

失敗して、恥をかいて、心に傷がついてしまうこともあるでしょう。でも、筋トレだって筋肉を痛めつけるから強くなります。筋トレをして筋肉痛になっているときは、一度筋肉が壊れているときです。失敗の数が多ければ多いほど、それだけ簡単には折れない強い心をつくり上げることができます。

最初はうまくいかないことが重なるかもしれませんが、行動し続けているうちに、成功するための法則を学んでいけるので、感覚が磨かれて、うまくいきやすくなっていくわけです。つまり、**「行動＝成長」**です。

損得ではなく、結局は自分がどうしたいか。やってみた結果から自分が何を学ぶかでしかないのです。

損得を考え出したらリスクが気になって行動できません。最初から保証された勝ちゲームなんてそもそも存在しませんから。

損得を考えてしまった段階で、もう誰かから後れをとっていると考えましょう。

損得を超えたところで自分が動いてしまうところにこそ、あなたがそれをやる価値があるのではないでしょうか。

POINT

損得よりやりたいかどうか

NOT TO DO

47

□認められようとしない

親や上司など、周囲の人に認められたい、褒《ほ》めてほしいと思うのは、人として自然なことです。

ただし、人からの称賛を求めるようになると、間違った理由で行動するようになってしまいます。認められようとすると、人の目が気になって、それが判断の基準になります。**自分がどうなのかということよりも、他人がどう思うかを重んじるようになってしまう**のです。

いまはＳＮＳの時代です。Instagramでは、その人の毎日の中の、人に見てもらいたい写真をアップするので、他人の「すごい」に感化されて、「自分ももっとがんばらなきゃ」という思考になりやすいです。つまり、これは外に意識が向いていて、誰かに「すごい」と言われるための行動になっています。

それを続けていると、**「うまくいかない自分」を出せなくなります。いやそれ以上に、うまくいかない自分を受け入れられなくなります。**

そして、認められるための行動はするけれど、認められないリスクのある行動はとらなくなるのです。

さらに、手っ取り早く自分の承認欲求を満たす行動ばかりに走ってしまい、「本当に自分がしたいことは何か？」を考えなくなってしまいます。

かつての私がまさにそうで、認められたいという思いから、仕事の依頼が来ると何でも引き受けて〝キャパオーバー〟になっていました。

「ん？　これは何のためにやるのだ？」とか「全然気乗りしないんだけど……」などと思いながらも、それ以上に認められたい気持ちが上回っていたのです。最終的には「俺は何でこんなことばかりやっているんだ。他にもっとやりたいことがあったはずだろう」という自己嫌悪に見舞われていました。これを続けると、心も体も消耗するわけです。

いまの私は**「一度きりの人生なので、今日のこの時間は二度とない」**と考えて、気乗りしない仕事や意義を感じない仕事はお断りするようにしています。

結局のところ、それは自分のためにも相手のためにもいいことに気がつきました。気乗りしない仕事を笑顔で「はい！」と言って受けても、やはり気乗りしないのだからクオリティの高いものはできません。ただこなすだけになってしまい、相手にも失礼だな、と思ったのです。

安易に認められようとして自分の外に判断基準を置くのではなくて、**自分の心、信念に従って生きる。そうすると結果的に認められるようになります。**

他人の評価も気になってしまうのはわかりますが、「優先順位の問題」です。

自分の気持ちを殺してまで認められようとはしない。やりたいことをやる信念を持ちましょう。

POINT

自分の信念に従って生きればおのずと認められる

NOT TO DO

48 □群れない

いまやスマホやSNSのおかげで、いつでも誰とでもつながっていられます。

しかしそれゆえに、常に誰かとつながっていないと不安になったり、**人間関係が人生のすべてのように思ったりして**、ふとした瞬間に心にぽっかりと穴が開いているような感覚を抱いてしまうことはないでしょうか。

高校時代の私は、何も自信が持てない自分がワルでいることで居場所を確保しようとしていました。周りに合わせている自分に違和感を覚えながらも、居心地の悪さから目をそらし、居場所を見つけたように感じていたのですが、停学・自宅謹慎で一人になったことで、初めて自分と向き合う時間を持つことができたのです。

「自分はどんな人生を送りたいのか」「そのためにはいま何ができるだろうか」と考えたことがきっかけで、読書をするようになりました。さまざまな人の生き方や考え方を知ることができたのが新鮮で、自分の価値観を壊してくれるものだったから、読書にハマったのです。それからは一人で読書する時間を持つようになりました。

ワルさをともにしていた友人と群れていたときは、なんとなくなりたい自分について想像したり、現状について悩んだりしたこともあるのですが、じっくりと考えることはできませんでした。

周りにただ流されて生きるだけでは、主体的に生きることはできません。

自分の考えや感覚を信じて生きると、周りの目は気にならないし、自分のことを信じて生きられるようになると思います。

私が通った高校は進学校ではなかったので、年を越してまで受験勉強をする人はほとんどいませんでした。

同級生が就職先や進学先を決めていくなかで、私は不安になりながらも自分を信じてコツコツと努力したおかげで、無事に大学に合格することができました。

大学生の頃、周りが就活を意識し始めるのを見て、大きな違和感を抱きました。

「みんな揃って就活だ、就活だとやっているけれど、そういう生き方しかないのだろうか?」
そして私はその「みんな」から外れて、ケンブリッジ大学院に留学して、帰国後も就職ではなく起業という道を選択しました。

流されて生きるのはラクですが、どこかで自分がよくわからなくなるのではないでしょうか。

それでは自分に自信を持つことはできないし、自分で意思決定することもむずかしくなってしまいます。

自分に自信を持てるようになるには、一人の時間を確保することが近道ではないかと思うほどです。だからいままでも、私は一人の時間を大切にしているし、いや、最優先事項としてスケジュールの中には一人の時間を確保するようにしています。

一人でゆったりと過ごす時間によって、心のエネルギーも回復させています。

誤解しないでいただきたいのは、**群れないというのは「孤立しろ」というわけではない**ことです。

自分一人では何もできないからこそ、自分と向き合って自分のレベルを上げる。そしてお互いの力をかけ合わせて、一人ではできないものをつくり上げていく。レベルの高い相互貢献をするために一人の時間を確保するのです。
積極的に、群れずにいきましょう。

POINT

一人の時間を確保する

NOT TO DO

49

□貯金しない

私は貯金しません。病気になったときのため、トラブルが起きたときのために、日本ではまだまだ「貯金思考」が根強くあるように感じますが、お金は使ってこそ価値があると思います。

お金は人々の役に立つことをしていれば、結果的についてくるものだと考えています。

このことを学んだのは、大学生のときに『金持ち父さん貧乏父さん』（ロバート・キヨサキ著、筑摩書房）を読んだことがきっかけです。

この本から、**お金の稼ぎ方よりも使い方が大事**だというメッセージを受け取りました。つまり、**そのお金の使い方は浪費なのかそれとも投資なのか**ということです。

それ以降はお金の使い方が大きく変わり、浪費なのか投資なのかを自分に問うようになりました。

私は物欲がそれほどないので（もちろんよほど惚れたものであれば買うこともありますが）、お金を稼いだからといって、車を買ったりブランド品を買ったりということはほとんどありません。それよりも、**自分の経験と他人にお金を使う**ことにしています。

まず、稼いだお金は自分がやってみたいことに使いたいので、新しいビジネスを立ち上げたり、旅行や勉強会に出かけたり、美味しいものを食べたりしています。面白いイベントを見つけては、遠方でも行ってみます。

実際にSNSでつながった経営者の方と、いきなりヨーロッパへ一緒に旅行に出かけたこともあるほどです。もちろんかなりの旅費がかかりますが、損得を考えません。損得勘定によってたくさんの行動にブレーキがかかってしまうからです。

周りは「そんなことをして得があるの？」と私に聞きますが、それはどちらでもいいのです。やってみたいと思ったことにお金を使って初めて、そのお金は活きたものになるのではないでしょうか。

体験こそがオリジナリティだと考えています。誰一人、同じ人生を歩むことはできません。お金で買えるものは誰にでも買えるものですが、体験だけは唯一無二です。**自分にお金を使うことで自分にしか語れない経験が増えます。**それが自分にしかできないものを築いていくための手段だと思っています。

また、人にもお金を使います。食事会を開いてご馳走したり、ゲストを呼んでイベントを開催したりします。

私は子どもたちに本物を見せることが彼らの好奇心や探究心を刺激すると思うので、イベントでは夢を与えられるようなゲストを呼んでいます。

ネイマールやロナウジーニョなどと共演し、サッカー日本代表選手や海外の有名選手にドリブルを指導するドリブルデザイナー（ドリブル専門指導者）の岡部将和さんを招いたことがあります。170万人以上のSNSフォロワーを持つ岡部さんなので、子どもたちはYouTubeやTikTokなどの動画でそのすごさを知っています。しかし、実際に日本や世界で活躍する人のテクニックを目の前で見て、考え方を直接聞くことは、説得力が違います。

「自分たちもがんばったらこうなれるんじゃないか」という希望を持ち、よりサッカーが好きになった子どもたちがたくさんいました。

自分がお金を使うことで社会が良くなるのであれば、うれしい。そして、社会の宝である子どもたちがより良い社会をつくってくれるきっかけになりたい。そうなれば最高だと思うからです。

一方で、そういうお金の使い方をしていると、**勝手に〝信用貯金〟が貯まっていく**ものだとも考えています。私が仮に不慮《ふりょ》の事故で死んでしまったとしても、「あのときは塚本さんにお世話になった」と誰かが自分の家族を助けてくれるのではないかと思っているからです。ただし、別にこれを誰かに求めているわけではなくて、結果的にそうなると感じるということです。

お金は稼ぎ方よりも、使い方。貯金をやめてみませんか。

POINT

自分の体験にお金を使う

NOT TO DO

50

□夢や目標を無理に持たない

「小さなことを積み重ねることが、とんでもないところへ行くただ一つの道」

2019年に引退したアメリカ大リーグの元シアトル・マリナーズのイチローさんが残した言葉の中で、私が個人的に好きなものです。この言葉は2004年、メジャーリーグ年間安打記録を破った際の記者会見で生まれたものです。

目標を立てること、夢を持つことの大切さを子どもの頃から耳にタコができるほど聞かされている人は少なくないでしょう。

たしかに夢や目標を持つことは人生に活力を与えてくれるし、自分を成長させてくれます。

ただ、私は夢や目標を無理に持とうとすることは危険だと思っています。

夢や目標を見つけようと探してみるけれどなかなか見つからない。夢や目標が見つからない自分は何か宙ぶらりんになって、自分だけ世の中から浮いているような気さえしてしまいます。

アメリカの心理学の研究で、**年始に立てた目標の80％は2月までに消滅している**という発表があります。

なぜでしょうか。その理由は、**本気になって立てた目標ではないから**だと思います。

なんとなく目標を立てないといけないと思って、「よし、今年は10個の目標を立てよう」と宣言して無理やり目標を立てても、本気にはなれません。

本気になることが見つかったから目標が持てる。この順番ではないでしょうか。

たとえば私の場合、高校2年生のときのカナダ人の英語の先生との出会いが英語へ導いてくれました。

それまで学校の中でも荒れていた私でしたが、悪さばかりする奴の話など大人は誰も聞いてくれませんでした。

しかし、初めて私の話に耳を傾けてくれて、まともに話を聞いてくれたのがこの先生でした。

カナダ人といっても日系カナダ人ということもあり、日本語もそれなりに堪能《たんのう》だったので主に日本語で話していたのですが、この先生が世界にはさまざまな価値観があることを教えてくれたのです。

この先生の話を聞いた瞬間に、「私は海外に行きたい」と思うようになったのです。そのためには英語が必要になる。だから海外留学するために英語を習得する。こういう流れで、英語に対して具体的で明確な目標を持つようになりました。

夢や目標というのは偶然降ってくるものだと思います。人が運んでくるものかもしれません。

ケンブリッジ大学院に進学したときもそうです。最初から進学を目標にしたのではありませんん。とりあえず留学したくてイギリスに飛び込んでみて、毎日自分ができることに集中して英語の勉強に励んでいたら、素晴らしい恩師や環境と出会うことができて、気づいたら進学できることになっていたのです。

無理に夢や目標なんて持たなくてもいいのではないでしょうか。

夢や目標が見つからないならば、まだその時が来ていないだけ。

しかし、その時は行動している人のところに早く来るものだとは思います。

行動すれば出会いの数が増えますから。

POINT

夢や目標を持つより先に行動する

おわりに

アップル創業者のスティーブ・ジョブズは「やらないことを決める。それが経営だ」と言いました。

まさに、**「やらないことを決める。それが人生だ」**なのではないでしょうか。

ホンモノのすぐやる人は「やらないこと」を明確にしている。だから、大きな成果を残せるのだと思います。

「やりたいことだけして生きてはいけない。生活が成り立たない」

日本の教育では「我慢」というものを教え込まれます。その結果、やりたくないことをやりながら、生活のために嫌なことに耐え、苦しみながら働く。歯を食いしばり、**やりたいことではなく、やらなきゃいけないと思っていることをがんばる。それが人生というものだ**と、自分に言い聞かせてはいないでしょうか。

たしかに周りでがんばっている人たちを見ていると、そう思えるのも無理がないかもしれません。

やりたくないと思いながらも、我慢した先に楽しいことが待っているのではないかと思って我慢を続けてしまいます。

そうやってやりたいことではなく、やらないといけないことに甘んじて、折り合いをつけているのは自分なんだと、私は「すぐやる」ことを通して気づきました。

まず、「行動しないと何も生まれない」と気づいたことで、私は〝すぐやる人〟になったのですが、何でもかんでもやっていると行き詰まりを感じるようになりました。そして、**「そもそも何かをやらないといけないと思い込んでいることがそもそもの間違いなのではないか」**と思い始めました。

「忙しいことはいいことだ、いつも何かに追われることが人生だ」と思うようになり、何もしないことで生まれる時間の空白に不安を感じるようになって、それを埋めるように何かをやると決めている。これでは、「そもそも何のために行動するのか」という本質が見えなくなっているのではないか……。

「なぜ自分がすぐやって学びもたくさん得ているにもかかわらず、行き詰まりを感じているのだろう？」

そんな悩める私にヒントをくれたのが「読書」でした。

世の成功者は行動や思考の〝断捨離〟がうまい。つまり、**本当にやる必要があるのか、何のためにそれをやるのかを明確にしています。**そのうえ、必要性や重要性を感じないものはバッサリやらないのです。

〝マネジメントの父〟と呼ばれるピーター・ドラッカーは、戦略について**「まず、やらないことを決めよ！」**と言っています。

私はハッとしました。

よく考えてみると、たしかに私の周りにいる成果を出している人たちは行動に無駄がありません。

人づき合いにおいても、誰とでもだらだら過ごすのではなく、限られた時間の中で誰と会うかを取捨選択しています。そして、ゆったりと過ごす時間とやることを確実にやる時間が圧倒的にはっきりしています。**メリハリのある行動をしている**のです。

私たちの人生は「思い込み」が支配しています。「それが常識だ、そんなの当たり前だ」と。

知らない間に思い込みがたくさんの無駄を生み出している。私はそれに気づいてから、さまざまな場面で「何のためにそれをやるのか？」「そもそもやらないといけないことなのか？」とゼロベースで考えるようになり、不要だと感じたものをバッサリ捨てていきました。

最初は捨てることが怖いものもありました。「やらなかったら誰かに怒られるんじゃないだろうか」とか「やばいことを招いてしまわないだろうか」など。

しかし、結果的には逆でした。

やらないことを決めてみたら、どんどん自分が本当にやりたいことがわかってきたのです。

行動しなければという思いと忙しさで、どこか自分をごまかしていました。

やらなくていいことを徹底して整理したら時間に余白が生まれ、時間の余白は心の余裕につながっていきました。

誰かに依頼されたことをこなしていくのではなく、自分が本当にやりたいことに時間を割けるようになっていくと、毎日は充実していきます。

やらないことを決める。
そして、やることを明確にして、すぐやる。

そうすると人生は変わっていきます。

本書では、50のやらなくていいことをリストにしてお伝えしました。これはみなさんの人生を見直すヒントです。

いますぐ、やらないことを明確にしましょう。必要のないものを絞り出してみると、スッキリした毎日が、あなたを待っていることでしょう。

塚本　亮

[著者紹介]

塚本亮（つかもと・りょう）

ジーエルアカデミア株式会社代表取締役。株式会社 GLOBAL VISION 取締役。バニーズ京都 SC 理事。

1984 年、京都府生まれ。高校時代、偏差値 30 台、退学寸前の問題児から一念発起し、同志社大学に現役合格。卒業後、ケンブリッジ大学大学院で心理学を学び、修士課程修了。

帰国後、京都にてグローバルリーダー育成を専門とした「ジーエルアカデミア」を設立。心理学に基づいた指導法が注目され、国内外の教育機関や企業、トップアスリートなどから指導依頼が殺到。これまで延べ 6000 人に対して、世界に通用する人材の育成・指導を行い、延べ 400 人以上の日本人をケンブリッジ大学、ロンドン大学をはじめとする海外のトップ大学・大学院に合格させている。

著書に『「すぐやる人」と「やれない人」の習慣』『「すぐやる人」のノート術』『「すぐやる人」の読書術』（以上、明日香出版社）、『頭が冴える！　毎日が充実する！スゴい早起き』（すばる舎）、『心の強化書』（ソシム）など多数。

すぐやる人の「やらないこと」リスト

2020 年 3 月 30 日　初版発行
2020 年 4 月 30 日　2 刷発行

著　者　塚本亮
発行者　小野寺優
発行所　株式会社河出書房新社
〒 151-0051
東京都渋谷区千駄ヶ谷 2-32-2
電話 03-3404-1201（営業）
03-3404-8611（編集）
http://www.kawade.co.jp/
ブックデザイン　遠藤陽一（デザインワークショップジン）
組　版　一企画
印刷・製本　三松堂株式会社

Printed in Japan
ISBN978-4-309-24953-7